EMPREENDEDOR
RICO

EMPREENDEDOR RICO

— *Edição Revista e Atualizada* —

10 LIÇÕES PRÁTICAS PARA TER SUCESSO NO SEU PRÓPRIO NEGÓCIO

Robert T. Kiyosaki

ALTA BOOKS
EDITORA
Rio de Janeiro, 2017

Empreendedor Rico — 10 Lições práticas para ter sucesso no seu próprio negócio
Copyright © 2017 da Starlin Alta Editora e Consultoria Eireli. ISBN: 978-85-508-0093-6

Translated from original Before you quit your job by Robert T. Kiyosaki. Copyright © 2005, 2012 by Robert T. Kiyosaki. ISBN 978-1-61268-050-7. This edition published by arrangement with Rich Dad Operating Company, LLC., the owner of all rights to publish and sell the same. PORTUGUESE language edition published by Starlin Alta Editora e Consultoria Eireli, Copyright © 2017 by Starlin Alta Editora e Consultoria Eireli.

CASHFLOW, Rich Dad, Rich Dad Advisors, ESBI, e Triângulo B-I são marcas registradas da *CASHFLOW Tecnologies, Inc.*

Todos os direitos estão reservados e protegidos por Lei. Nenhuma parte deste livro, sem autorização prévia por escrito da editora, poderá ser reproduzida ou transmitida. A violação dos Direitos Autorais é crime estabelecido na Lei nº 9.610/98 e com punição de acordo com o artigo 184 do Código Penal.

A editora não se responsabiliza pelo conteúdo da obra, formulada exclusivamente pelo(s) autor(es).

Marcas Registradas: Todos os termos mencionados e reconhecidos como Marca Registrada e/ou Comercial são de responsabilidade de seus proprietários. A editora informa não estar associada a nenhum produto e/ou fornecedor apresentado no livro.

Impresso no Brasil — 2017 — Edição revisada conforme o Acordo Ortográfico da Língua Portuguesa de 2009.

Publique seu livro com a Alta Books. Para mais informações envie um e-mail para autoria@altabooks.com.br

Obra disponível para venda corporativa e/ou personalizada. Para mais informações, fale com projetos@altabooks.com.br

Produção Editorial Editora Alta Books	**Gerência Editorial** Anderson Vieira	**Produtor Editorial** (Design) Aurélio Corrêa	**Marketing Editorial** Silas Amaro marketing@altabooks.com.br	**Vendas Atacado e Varejo** Daniele Fonseca Viviane Paiva comercial@altabooks.com.br
Produtor Editorial Claudia Braga Thiê Alves	**Supervisão de Qualidade Editorial** Sergio de Souza	**Editor de Aquisição** José Rugeri j.rugeri@altabooks.com.br	**Vendas Corporativas** Sandro Souza sandro@altabooks.com.br	**Ouvidoria** ouvidoria@altabooks.com.br
Equipe Editorial	Bianca Teodoro Christian Danniel	Ian Verçosa Illysabelle Trajano	Juliana de Oliveira Renan Castro	
Tradução (1ª edição) Eduardo Lasserre	**Copidesque** (atualização) Carolina Gaio	**Revisão Gramatical** (atualização) Thamiris Leiroza	**Diagramação** (atualização) Daniel Vargas	

Erratas e arquivos de apoio: No site da editora relatamos, com a devida correção, qualquer erro encontrado em nossos livros, bem como disponibilizamos arquivos de apoio se aplicáveis à obra em questão.

Acesse o site www.altabooks.com.br e procure pelo título do livro desejado para ter acesso às erratas, aos arquivos de apoio e/ou a outros conteúdos aplicáveis à obra.

Suporte Técnico: A obra é comercializada na forma em que está, sem direito a suporte técnico ou orientação pessoal/exclusiva ao leitor.

CIP-Brasil. Catalogação-na-fonte.
Sindicato Nacional dos Editores de Livros, RJ

K68e   Kiyosaki, Robert T., 1947-
       Empreendedor rico 10 lições práticas para ter sucesso no seu próprio negócio / Robert Kiyosaki e Sharon Lechter; tradução de Eduardo Lasserre. — Rio de Janeiro: Rio de Janeiro, 2017.

       Tradução de: Before you quit your job
       Apêndice
       ISBN 978-85-508-0093-6

       1. Empresas novas. 2. Empreendimentos. I. Lechter, Sharon L. II. Título.

05-3533
CDD 658.11
CDU 65.016.1

Rua Viúva Cláudio, 291 — Bairro Industrial do Jacaré
CEP: 20.970-031 — Rio de Janeiro (RJ)
Tels.: (21) 3278-8069 / 3278-8419
www.altabooks.com.br — altabooks@altabooks.com.br
www.facebook.com/altabooks — www.instagram.com/altabooks

Agradecimentos

O empreendedorismo é um estado de espírito e um chamado. É o incêndio que queima por dentro, que inflama os líderes entre nós a desafiar as possibilidades, agarrar os nossos sonhos e inventar o futuro.

Empreendedor Rico é um tributo aos empresários ao redor do mundo que se recusam a abandonar seus sonhos. Agradeço a todos que me inspiraram a nunca desistir da minha paixão em ser um catalisador de mudanças, revolucionar o *status quo* e permanecer no meu caminho.

Obrigado.
Robert T. Kiyosaki

Outros Best-sellers da Série *Pai Rico*

Pai Rico, Pai Pobre

Independência Financeira

O Poder da Educação Financeira

O Guia de Investimentos

Filho Rico, Filho Vencedor

Aposentado Jovem e Rico

Profecias do Pai Rico

Histórias de Sucesso

Escola de Negócios

Quem Mexeu no Meu Dinheiro?

Pai Rico, Pai Pobre para Jovens

Pai Rico em Quadrinhos

Nós Queremos que Você Fique Rico

Desenvolva Sua Inteligência Financeira

Mulher Rica

O Segredo dos Ricos

Empreendedorismo Não Se Aprende na Escola

O Toque de Midas

O Negócio do Século XXI

Imóveis: Como Investir e Ganhar Muito Dinheiro

Irmão Rico, Irmã Rica

Como Comprar e Vender Empresas e Ganhar Muito Dinheiro

O objetivo deste livro é fornecer informações gerais sobre investimentos. Contudo, leis e práticas quase sempre variam entre países e estão sujeitas a mudanças. Visto que cada situação real é singular, orientações específicas devem ser adaptadas às circunstâncias. Por isso, aconselha-se ao leitor que procure seu próprio assessor no que diz respeito a uma situação específica.

O autor tomou precauções razoáveis na preparação desta obra e acredita que os fatos aqui apresentados são precisos na data em que foram escritos. Contudo, nem o autor, nem a editora, assumem quaisquer responsabilidades por erros ou omissões. O autor e a editora especificamente se eximem de qualquer responsabilidade decorrente do uso ou da aplicação das informações contidas neste livro. Além disso, o objetivo dessas informações não é servir como orientação legal relacionada a situações individuais.

A Editora Alta Books não se responsabiliza pela manutenção e conteúdo no ar de eventuais websites, bem como pela circulação e conteúdo de jogos indicados pelo autor deste livro.

SUMÁRIO

INTRODUÇÃO
O que Torna os Empreendedores Diferentes?...1

LIÇÃO DO MUNDO REAL #1
Um Negócio de Sucesso Começa Antes de Existir 23

Capítulo 1
Qual É a Diferença entre um Empregado e um Empresário? 25

LIÇÃO DO MUNDO REAL #2
Transformar o Azar em Sorte..39

Capítulo 2
Debi e Loide Estão Ficando Cada Vez Mais Ricos 41

LIÇÃO DO MUNDO REAL #3
Emprego e Trabalho São Coisas Diferentes..59

Capítulo 3
Por que Trabalhar de Graça? 61

LIÇÃO DO MUNDO REAL #4
O Sucesso Revela as Falhas..75

Capítulo 4
Sabedoria das Ruas versus Academicismo 77

LIÇÃO DO MUNDO REAL #5
A Trajetória É Mais Importante que o Destino 95

Capítulo 5
O Dinheiro Fala 97

SUMÁRIO

LIÇÃO DO MUNDO REAL #6
A Chave do Segredo Está em Seu Coração, Não na Cabeça 117

Capítulo 6
Os Três Tipos de Dinheiro 119

LIÇÃO DO MUNDO REAL #7
O Objetivo da Missão Determina o Produto 141

Capítulo 7
Como Transformar um Pequeno Negócio em uma Grande Empresa 143

LIÇÃO DO MUNDO REAL #8
Construa um Negócio Capaz de Fazer
o que Nenhum Outro Faz 163

Capítulo 8
A Missão de um Líder 165

LIÇÃO DO MUNDO REAL #9
Não Brigue por Clientes 181

Capítulo 9
Como Encontrar Bons Clientes 183

LIÇÃO DO MUNDO REAL #10
A Hora de Pedir Demissão 203

Capítulo 10
Resumo 205

Introdução

O que Torna os Empreendedores Diferentes?

Um dos dias mais apavorantes da minha vida foi quando pedi demissão e me tornei oficialmente um empresário. Naquele dia, percebi que não teria mais um salário garantido no fim do mês, nem plano de saúde e muito menos um plano de aposentadoria. Adeus licença médica e férias remuneradas.

Naquele dia, a minha renda mensal caiu para zero. O terror de não poder contar com um salário garantido foi uma das minhas experiências mais assustadoras. O pior era não saber quanto tempo se passaria antes que pudesse contar com outro salário garantido. Talvez anos. No momento em que pedi demissão, entendi o verdadeiro motivo de muitos empregados não se tornarem empresários. É o medo de ficar sem dinheiro, sem uma renda estável, sem salário no final do mês. Pouquíssimas pessoas podem passar longos períodos sem dinheiro, mas os empreendedores são diferentes e uma das suas diferenças é a capacidade de funcionar de modo sensato e inteligente sem dinheiro.

Naquele mesmo dia, as minhas despesas aumentaram. Como empresário, tive que alugar um escritório, uma vaga no estacionamento e um depósito; tive que comprar uma escrivaninha e uma luminária; uma conta telefônica e começar a pagar eu mesmo viagens, hotéis, táxis, refeições, cópias, canetas, papel, grampeadores, papel timbrado, blocos de rascunho, despesas de correio, livros e até mesmo o café que tomava ou servia no escritório. Tive também que contratar uma secretária, um contador, um advogado, um agente de seguros comerciais e até um faxineiro. Tudo isso eram despesas que anteriormente recaíam sobre a empresa na qual eu trabalhava. Comecei a perceber como havia sido caro me dar um emprego e dei-me conta de que os funcionários custam muito mais do que os salários que recebem.

Então, outra diferença entre empregados e empresários é que estes têm que saber como gastar dinheiro, mesmo que não tenham nenhum.

Introdução

O Começo de uma Nova Vida

Eu estava em San Juan, a capital de Porto Rico, no dia que saí oficialmente da empresa. Foi em junho de 1978 e eu participava de uma comemoração promovida pelo President's Club da Xerox Corporation que homenageava os funcionários com destaque no desempenho das suas funções. Havia gente do mundo todo a ser homenageada.

Foi um grande acontecimento; uma festa que lembrarei para sempre. Mal podia acreditar na dinheirama que a Xerox estava gastando só para agradecer os melhores vendedores da empresa. Entretanto, apesar de se tratar de uma comemoração, eu me sentia péssimo. Durante aqueles três dias, só consegui pensar no fato de estar saindo da empresa, no salário garantido todo mês e na segurança que eu iria perder. Percebi que ficaria sozinho assim que a festa acabasse. E que não voltaria mais para a filial da Xerox em Honolulu, no Havaí.

Na volta de San Juan, o avião enfrentou turbulência quando estava para pousar em Miami. O piloto mandou que colocássemos os cintos de segurança, protegêssemos a cabeça com os braços e nos preparássemos para um possível pouso forçado. Eu já estava me sentindo horrível no meu primeiro dia como empresário e pensei que só me faltava mesmo morrer. É, o meu começo como meu próprio patrão não foi realmente muito bom.

Obviamente, o avião não caiu e apanhei o voo de conexão para Chicago, onde faria uma apresentação de vendas sobre a minha linha de carteiras de náilon para surfistas. Cheguei atrasado no Mercantile Mart de Chicago devido aos atrasos nos voos e o cliente que supostamente deveria encontrar, comprador de uma grande rede de lojas de departamentos, já tinha ido embora. Pensei outra vez com meus botões: "Isso não é jeito de começar a minha carreira de empresário. Se eu não fechar essa venda, a empresa não verá a cor do dinheiro; ficarei sem a comissão e, quem sabe, até sem dinheiro para a comida." Como gosto bastante de comer, o que mais me incomodava era essa última possibilidade.

Algumas Pessoas Nascem Empreendedoras?

"Existem empreendedores natos ou as pessoas têm que treinar para sê-lo?" Quando fiz essa pergunta clássica ao pai rico, ele disse: "Não faz sentido perguntar se alguém já nasce empreendedor ou tem que ser treinado. É o mesmo que perguntar se já nasce com um emprego ou precisa de preparo." E continuou: "Todo mundo pode ser treinado. Tanto para ser empregado quanto empresário. O motivo de haver mais empregados do que empreendedores é que as nossas escolas treinam os jovens para isso. É por isso que tanta gente diz aos filhos: 'Estude para arranjar um bom emprego.' Ainda estou para ouvir pais dizerem: 'Estude para ser empresário.'"

Empregados São um Fenômeno Recente

O empregado como tal é fenômeno relativamente recente. Durante a Era Agrícola, muitas pessoas eram empresárias. Muitos fazendeiros cultivavam as terras da realeza. Eles não recebiam nada por isso. Na verdade, era o contrário. Eles pagavam ao rei um imposto pelo direito de uso da terra. Os que não eram fazendeiros eram comerciantes e, como tais, pequenos empresários. Havia açougueiros, padeiros e fabricantes de velas. Seus sobrenomes frequentemente retratavam o que faziam. É por isso que tanta gente atualmente se chama Smith, uma abreviatura para o ferreiro da aldeia (*blacksmith*); Baker, para os padeiros (*bakery*) ou Farmer, porque o negócio de sua família era a agricultura (*farming*). Todos eram empreendedores e não empregados. A maioria das crianças que crescia nessas famílias de empresários seguia os passos dos pais e também se tornava empresária. Como se vê, é tudo questão de treinamento.

Foi durante a Era Industrial que aumentou a demanda por empregados. Em resposta, os governos assumiram a tarefa da educação em massa e adotaram o sistema prussiano, no qual se baseia a maioria dos atuais sistemas educacionais do Ocidente. Quando se pesquisa a filosofia que embasava esse sistema, descobre-se que a finalidade declarada era formar soldados e empregados, pessoas que obedeceriam a ordens e fariam o que lhes fosse mandado. O sistema de educação prussiano é excelente para a formação de empregados em massa. É questão de treinamento.

Os Empresários Mais Famosos

Talvez você já tenha se dado conta de que a maioria dos empresários norte-americanos mais famosos não concluiu o ensino superior. Alguns como Thomas Edison, fundador da General Electric; Henry Ford, da Ford; Bill Gates, da Microsoft; Richard Branson, da Virgin; Michael Dell, da Dell Computers; Steve Jobs, da Apple e da Pixar e Ted Turner, da CNN. Obviamente, existem empreendedores que se saíram bem na escola, mas poucos são tão famosos quanto esses.

Introdução

A Transição de Empregado para Empresário

Sei que não nasci empresário. Tive que ser treinado. Meu pai rico me orientou ao longo do processo de começar como empregado e me transformar eventualmente em empreendedor. Esse processo não foi fácil para mim. Tive que desaprender um monte de coisas antes de começar a entender as lições que ele estava tentando me passar.

Foi difícil aprender o que meu pai rico tinha para me ensinar porque o que ele dizia era exatamente o oposto das lições que o meu pai pobre estava tentando me transmitir. Cada vez que o meu pai rico mencionava o espírito empreendedor, a mensagem subliminar era a busca da independência financeira. Cada vez que o meu pai pobre falava sobre estudar para conseguir um emprego, a mensagem era a segurança. Essas duas filosofias se chocavam na minha cabeça e eu ficava confuso.

Finalmente, perguntei ao pai rico qual era a diferença entre os dois conceitos: "Segurança e independência financeira são a mesma coisa?"

Sorrindo, ele respondeu: "Não. Na verdade, são opostas. Quanto mais segurança você buscar, menos liberdade terá. As pessoas que têm mais segurança são os presidiários. É por isso que se fala em presídios de 'segurança máxima'." E concluiu: "Se quiser ser livre, terá que desistir da segurança. Os empregados buscam segurança; os empreendedores, a independência financeira."

Assim, a pergunta é: "Qualquer um pode se tornar empresário?" A minha resposta é: "Sim. Tudo começa com a mudança de filosofia. Começa pela vontade de ter mais liberdade do que segurança."

Da Lagarta à Borboleta

Todos sabemos que a lagarta tece um casulo e que, em um belo dia, se abre e dele emerge uma borboleta. Essa mudança é tão profunda que se chama metamorfose. Uma definição possível de metamorfose é: "Uma alteração notável no caráter."

Este livro é sobre uma *metamorfose* análoga. É sobre a transformação por que uma pessoa passa na transição de empregado para empresário. Embora muitos sonhem em largar o emprego e montar o próprio negócio, poucos realmente o fazem. Por quê? Porque essa transição representa muito mais do que mudar de ocupação. Trata-se de uma verdadeira metamorfose.

Livros sobre Empresários Escritos por Não Empresários

Ao longo dos anos, li uma infinidade de livros sobre empresários e empreendedorismo. Estudei a vida de empresários como Thomas Edison, Bill Gates, Richard Branson e Henry Ford. Li igualmente uma série de livros sobre diferentes filosofias empresariais e aquilo que torna alguns empresários melhores do que os outros. Encontrei em cada livro, fosse bom ou ruim, verdadeiras gemas de sabedoria ou informação que me ajudaram na jornada de me tornar um empresário melhor.

Analisando os livros que li, percebi que se enquadravam em duas categorias básicas: os escritos por empresários e os escritos por não empresários. A maioria dos livros era de autoria de não empresários — como escritores profissionais, jornalistas ou professores universitários.

Embora cada um desses livros tivesse me ensinado alguma coisa importante, independentemente de quem o escrevera, eu notava que sempre faltava alguma coisa e um dia descobri o que era. Faltavam o soco no estômago, o beco sem saída e a punhalada pelas costas, os erros apavorantes e as histórias de horror medonhas, que praticamente todo empresário já enfrentou. A maioria dos livros retratava o empresário como um homem de negócios brilhante, cortês e frio, que lidava com facilidade com todas as dificuldades que surgiam. Os livros sobre os grandes empresários dão frequentemente a impressão de que eles já nascem feitos; e é necessário admitir que, no caso de muitos, isso é verdade. Assim como existem atletas natos e talentosos, há empreendedores que parecem ter nascido com o dom e a maioria dos livros que li se referia a eles.

Os livros sobre empreendedorismo, escritos por professores universitários, têm um sabor diferente. Os acadêmicos tendem a apurar o assunto de uma maneira hermética, limitando-se aos fatos e às constatações estáticas. Acho difícil ler esses livros tecnicamente corretos porque sua leitura geralmente é tediosa. Muito rígida e insossa — falta pimenta.

Por que Este Livro É Diferente

Este é um livro sobre empreendedorismo escrito por um empresário que passou por altos e baixos e teve fracassos e sucessos no mundo real.

Atualmente, a *Rich Dad* é uma empresa internacional com produtos versionados para 42 idiomas diferentes e negócios em mais de 55 países. Mas tudo começou com uma empresa que minha mulher, Kim, e eu fundamos em 1997. O nosso investimento inicial foi de $1.500. Meu primeiro livro *Rich Dad Poor Dad*, figurou na lista de best-

Introdução

-sellers do *New York Times* por mais de quatro anos e meio, um feito compartilhado por apenas mais três livros. Talvez, quando você estiver lendo este livro, ainda esteja na lista.

Em vez de alardear como sou esperto para fazer negócios, coisa que não sou, pensei que seria melhor escrever um livro diferente sobre empreendedorismo. Em vez de contar como atingi admiravelmente o apogeu e, assim, ganhei milhões, acho que você aprenderá mais se souber como cavei muitos buracos profundos, caí dentro deles e depois tive que escalá-los para me libertar. Em vez de falar dos meus sucessos, acredito que aprenderá mais se eu falar dos meus fracassos.

Por que Escrever sobre Fracassos?

Muitos nem tentam empreender porque têm medo de fracassar. Escrevendo sobre medos comuns, espero ajudá-lo a decidir com precisão se tornar-se um empresário é o melhor para você. A minha intenção não é assustá-lo. Quero fornecer percepções do mundo real sobre os prós e contras do processo de se tornar um empreendedor.

Outra razão para escrever sobre os fracassos é que os seres humanos aprendem cometendo erros. Aprendemos a andar caindo e tentando novamente. Com uma bicicleta, o processo é similar. Se nunca tivéssemos nos arriscado a cair, passaríamos a vida toda nos arrastando como lagartas. Um dos elementos que não encontrei em uma infinidade de livros sobre empreendedorismo, especialmente nos escritos por professores universitários, foram as agruras e tribulações que os empresários enfrentam. Nenhum desses livros comentou o que acontece emocionalmente quando sua empresa fracassa, o dinheiro acaba, é necessário despedir os empregados e os investidores e credores vão cobrá-lo. Como a maioria dos professores poderia saber o que um empresário que fracassou sente? Como poderiam saber — se emprego e salário garantidos, respostas padronizadas e ausência de erros são os fatores mais valorizados no mundo acadêmico? Mais uma vez, é tudo questão de treinamento.

No final da década de 1980, fui convidado para apresentar uma palestra sobre empreendedorismo na Universidade de Columbia. Em vez de falar das minhas vitórias, falei sobre os meus fracassos e o quanto havia aprendido com eles. O público predominantemente jovem fez uma série de perguntas e parecia autenticamente interessado nos prós e contras de empreender. Falei sobre os temores com que todos lidamos ao começar um negócio e sobre a maneira como eu os havia enfrentado. Compartilhei alguns dos meus erros mais idiotas e da maneira como se transformaram em lições valiosas, que eu nunca teria aprendido se não os tivesse cometido. Falei do quanto dói ser obrigado a fechar uma empresa e mandar todo mundo embora devido à própria incompetência. Contei também como todos os meus erros me transformaram em um empresário melhor, muito rico e, acima de tudo, em um homem financeiramente independente, que nunca mais precisa procurar emprego. No fim das contas, achei que tinha apresentado uma palestra objetiva e realista sobre o processo de se tornar empresário.

Algumas semanas depois, fiquei sabendo que a professora que havia me convidado para a palestra tinha sido chamada à sala do catedrático e recebido uma advertência. As palavras definitivas dele foram: "Não permitimos que fracassados palestrem aqui em Columbia."

O que É um Empreendedor?

Agora que já destituímos os professores universitários, é hora de lhes concedermos algum crédito. Uma das melhores definições do que é um empreendedor é de autoria de Howard H. Stevenson, um professor da Universidade de Harvard. Segundo ele: "O empreendedorismo é uma abordagem à gerência que definimos como: a busca de oportunidades sem levar em consideração os recursos controlados." Na minha opinião, essa é uma das definições mais admiráveis de empreendedor. É simples, objetiva — e brilhante.

O Poder das Desculpas

Muitos querem ser empreendedores, mas há sempre alguma desculpa para não largar o emprego, tais como:

- "Não tenho dinheiro."
- "Não posso pedir demissão porque tenho filhos para sustentar."
- "Não tenho bons contatos."
- "Não sou esperto o bastante."
- "Não tenho tempo. Sou muito ocupado."
- "Não consigo encontrar ninguém para me ajudar."
- "Construir um negócio é muito demorado."
- "Tenho medo. É muito arriscado."
- "Não gosto de lidar com empregados."
- "Sou muito velho."

Introdução

Meu amigo que chamou a minha atenção para o artigo do professor Stevenson disse: "Qualquer criança de dois anos é perita em arranjar desculpas. A razão para as pessoas que querem empreender continuarem no emprego é que têm alguma desculpa para não o largar e dar esse passo, que se baseia em autoconfiança. Para muitas pessoas, o poder de uma desculpa é maior que o poder dos seus sonhos."

Empreendedores São Diferentes

O professor Stevenson incluiu outras pérolas no artigo que publicou, especialmente quando comparou promovedores (empreendedores) com prepostos (empregados), como os chamou.

Seguem-se algumas comparações:

- **Quanto à orientação estratégica**
  Promovedor: movido pela percepção das oportunidades
  Preposto: movido pelo controle dos recursos

Em outras palavras, os empreendedores estão sempre à procura das oportunidades, sem se importar muito se têm ou não os recursos necessários. As pessoas que pensam como empregados se concentram nos recursos que têm ou não, é por isso que muita gente diz: "Como posso montar um negócio? Não tenho dinheiro para isso." Um empreendedor diria: "Garanta o negócio que depois arranjamos o dinheiro." Essa diferença de filosofia é uma das grandes distinções entre empregados e empreendedores.

E era igualmente por isso que o meu pai pobre sempre dizia: "Não posso arcar com isso." Sendo um empregado, ele partia dos recursos que tinha. Quem leu os meus outros livros sabe que o meu pai rico proibia que seu filho e eu disséssemos isso. Assim, nos ensinou a analisar as oportunidades e a perguntar: "Como posso tornar isso real?" O meu pai rico era um empreendedor.

- **Quanto à estrutura gerencial**
  Promovedor: nivelado com muitas redes informais
  Preposto: hierarquizado em diversas camadas

Em outras palavras, o empreendedor mantém a organização pequena e concisa, valendo-se do relacionamento cooperativo com parceiros estratégicos para ampliar o negócio. Os empregados querem construir uma hierarquia, ou seja, uma cadeia de comando em que eles ocupem o escalão mais elevado. Este é seu conceito de construção de um império. O empreendedor expande a organização horizontalmente, o que significa "terceirizar" e não realizar o trabalho "internamente". O empregado pensa em expansão vertical, que representa contratar mais gente. As hierarquias formais são muito importantes para os empregados que pretendem ascender na empresa.

Neste livro, você saberá como a *Rich Dad* começou aos poucos e, mesmo assim, cresceu valendo-se de sólidas parcerias estratégicas e grandes editoras do mundo todo. Decidimos crescer dessa forma porque o custo seria menor em termos de tempo, pessoal e dinheiro. Conseguimos crescer mais rapidamente, tornamo-nos maiores, lucramos muito, temos presença global e, ainda assim, continuamos pequenos. Utilizamos o dinheiro e os recursos de outras pessoas para ampliar o nosso negócio. Este livro explicará como e por que fizemos as coisas dessa forma.

- **Quanto à filosofia de recompensa**
  Promovedor: impulsionado pelo valor, baseado no desempenho e orientado pelo trabalho em equipe
  Preposto: impulsionado pela segurança, baseado em recursos e orientado para a ascensão profissional

Em termos simples, os empregados querem a segurança de trabalhar em uma empresa sólida, com salários garantidos e oportunidades de promoção — a chance de escalar a hierarquia empresarial. Muitos consideram as promoções e os títulos mais importantes do que o dinheiro. Meu pai pobre era assim. Ele adorava o título do seu cargo, secretário de educação pública, apesar de o salário não ser tão elevado.

O empreendedor não quer subir na hierarquia empresarial. Quer ser o proprietário dela. Os empreendedores não são impulsionados por salários e, sim, pelos resultados obtidos pela equipe. Além disso, conforme afirma Howard Stevenson, muitos iniciam empreendimentos porque têm valores pessoais muito arraigados, mais importantes do que a simples segurança no emprego e salários garantidos. São apaixonados pelo seu trabalho, sua missão e amam o que fazem. Muitos trabalhariam mesmo que o dinheiro não existisse. Meu pai rico costumava dizer: "Muitos empregados são apaixonados pelo que fazem, desde que recebam seus salários."

Neste livro, você também conhecerá três tipos diferentes de dinheiro: competitivo, cooperativo e simbólico.

1. O *dinheiro competitivo* é o tipo pelo qual a maioria das pessoas trabalha. Competem por empregos, promoções, aumentos salariais e com a concorrência.

Introdução

2. O *dinheiro cooperativo* é feito através da interação e não da competição. Neste livro, você descobrirá como a *Rich Dad* se expandiu rapidamente com pouco dinheiro, simplesmente trabalhando pelo dinheiro cooperativo.

3. Uma parte significativa deste livro é dedicada à missão de um negócio, seus valores. Embora saibamos que há muitos empresários oportunistas, trabalhando somente pelo dinheiro competitivo, há os que constroem seu negócio com uma missão forte e que trabalham pelo *dinheiro simbólico* — a melhor de todas as recompensas.

Diferentes Estilos de Gestão

O artigo também comenta duas questões interessantes, principalmente do ponto de vista de um professor universitário. Howard Stevenson admite que muita gente diz que os empreendedores não são bons gerentes, mas em vez de concordar com esse truísmo geralmente aceito, ele escreve:

> *O empreendedor é estereotipado como egocêntrico e idiossincrático e, portanto, incapaz de gerenciar pessoas. No entanto, embora a tarefa de gerenciar seja consideravelmente diferente do ponto de vista do empreendedor, a habilidade de gerência é, não obstante, essencial.*

Exatamente, Howard. Em outras palavras, os empreendedores gerenciam pessoas de uma maneira diferente. A outra questão refere-se às diferenças entre o estilo de gerenciamento do empreendedor e do empregado.

Saiba Utilizar os Recursos de Outras Pessoas

O outro ponto que Stevenson salienta acompanha a definição do que é um empreendedor: "O empreendedorismo é uma abordagem gerencial que definimos como a busca de oportunidades sem levar em consideração os recursos atualmente controlados." O autor afirma: "Os empreendedores aprendem a utilizar adequadamente os recursos de terceiros." É isso que ocasiona a diferença entre os estilos de gerência. Os empregados querem contratar mais gente para que possam gerenciar. Isso os coloca no controle direto sobre os novos empregados, que terão que fazer o que mandam, sob pena de demissão. É por isso que os empregados querem construir hierarquias verticais. O que eles querem é o estilo prussiano de gerência. Querem que as pessoas ajam ao dizerem: "Faça."

Uma vez que não necessariamente gerenciam empregados, os empreendedores têm que gerenciar as pessoas de uma forma diferente. Resumidamente, os empresários têm que saber como gerenciar outros empresários. Se disser "faça" a um empreendedor, a resposta será normalmente algum comentário ou gesto rude. Assim, os empresários não são exatamente maus gestores de pessoas, como muitos pensam; eles simplesmente têm um estilo de gerência muito diferente, já que administram pessoas às quais não podem dizer o que fazer nem demitir.

Essa diferença no estilo de gerência também explica por que os empregados tendem a trabalhar pelo dinheiro competitivo e os empreendedores, pelo cooperativo.

Empresários Procurando Empregados

Algumas das reclamações mais ouvidas dos novos empresários são: "Não consigo achar bons empregados", "Empregados não querem trabalhar" ou "Todos os empregados só querem mais dinheiro". Este é um problema dos novos empreendedores que têm um estilo de gerência confuso. O estilo é questão de treinamento. Tenho que cumprimentar novamente Howard Stevenson por ter identificado as maiores diferenças entre as idiossincrasias de empresários e empregados.

Não Espere Todos os Sinais

Outra razão para muitos não terem o sucesso que gostariam é o medo — comumente de errar ou fracassar.

Existe ainda outro medo, mas que surge de maneira ligeiramente diferente. As pessoas o disfarçam tornando-se perfeccionistas. Aguardam que tudo esteja impecável para que possam montar um negócio. É como o motorista que acabou de receber sua carteira e mentaliza cada regra antes de engrenar a primeira marcha e dirigir. Quando se trata de empreendedorismo, muitas pessoas ainda estão presas na garagem com o motor em ponto morto.

Os Três Componentes de um Negócio Ideal

Um dos melhores empresários que conheci é meu amigo e sócio nos negócios. Montei alguns negócios com ele — três destes abriram o capital e nos tornaram milionários.

Introdução

Ele acredita que existem três componentes que formam um negócio ideal:

1. As pessoas certas
2. As oportunidades importantes
3. O dinheiro necessário

Ele diz: "Esses três componentes raramente surgem ao mesmo tempo. Às vezes, você encontra as pessoas, mas não tem a ideia ou o dinheiro. Outras, tem o dinheiro, mas ainda não tem a ideia ou não encontrou as pessoas." E prossegue: "A tarefa mais importante do empreendedor é agarrar um componente e em seguida começar a buscar os outros. Isso pode levar uma semana ou até anos; mas quando tem um deles, é um ponto de partida."

Em outras palavras, um empresário não se importa se dois desses três componentes são sinais vermelhos. Na verdade, não se importa se todos são. As luzes vermelhas não impedem um empresário de empreender.

Tudo que Vale a Pena Pode Começar Imperfeito

Você já notou que softwares como o Windows da Microsoft têm versões diferentes? Isso quer dizer que os produtos continuam sendo aperfeiçoados para que você adquira as versões melhoradas. Em outras palavras, o primeiro produto que vendeu não era perfeito. Eles foram vendidos a você, mesmo que falhas ainda precisassem ser consertadas.

Muitas pessoas não conseguem entrar no mercado porque estão constantemente aperfeiçoando seu produto. Com a pessoa que espera que todos os sinais fiquem verdes, alguns empresários nunca entram no setor porque estão procurando, trabalhando e aprimorando seus produtos ou escrevendo o plano de negócios perfeito. Meu pai rico dizia: "Tudo que vale a pena pode começar imperfeito." Henry Ford falava: "Agradeço a Deus pelos meus clientes. Compram meus produtos antes que estejam perfeitos." Em suma, os empreendedores começam e continuam melhorando eles mesmos, seu negócio e seus produtos. Muitas pessoas não se arriscam até que tudo esteja impecável. É por isso que muitos não começam nunca.

Saber quando se deve lançar um produto no mercado é tanto uma arte quanto uma ciência. Você talvez não queira esperar que o produto fique perfeito. Pode ser que nunca esteja. O produto tem apenas que ser bom o suficiente. Tem que funcionar o bastante para ser aceito pelo mercado. No entanto, se tiver tantas falhas que não funcione para as finalidades às quais se destina, não atender às expectativas do mercado ou mesmo chegar a apresentar problemas, será muito difícil reconquistar a credibilidade e a reputação.

Uma das marcas do empreendedor bem-sucedido é a capacidade de avaliar as expectativas do mercado e saber quando parar com o desenvolvimento e começar a comercializar o produto. Se o produto for lançado um pouco prematuramente, o empreendedor poderá simplesmente aperfeiçoá-lo e fazer o que for necessário para conservar a boa vontade do consumidor. Por outro lado, a demora no lançamento pode significar a perda irrecuperável do momento ideal, uma janela de oportunidade perdida.

Quem trabalhou com as primeiras versões do Windows ainda se lembra de como o computador travava com frequência. (Houve até quem chamasse o sistema de "Ruindows", de tantas falhas que apresentava.) Qualquer automóvel que enguiçasse tanto quanto o Windows teria sido rejeitado pelo mercado. Na verdade, esse automóvel ganharia a fama de ser um "abacaxi" e o fabricante seria obrigado a suspendê-lo. O Windows, entretanto, teve um sucesso fenomenal apesar dos problemas. Por quê? Ele atendeu a uma necessidade existente no mercado e não deixou totalmente de corresponder às expectativas. A Microsoft percebeu a janela de oportunidade e lançou o produto. Se tivesse esperado até que o produto ficasse perfeito, ele ainda não estaria no mercado.

Sabedoria das Ruas versus Sabedoria Acadêmica

Há um ditado entre os praticantes de artes marciais que diz: "Uma taça cheia é algo inútil. Só será útil quando estiver vazia." Esse conceito é válido para os empresários.

Todos nós já ouvimos a frase: "Ah, sei tudo sobre isso." São palavras que vêm de pessoas cujas taças estão cheias, que acreditam saber todas as respostas. Os empreendedores não pretendem ter todas as respostas. Eles sabem que nunca as terão; sabem que seu sucesso exige que a taça esteja sempre vazia.

Para se ter sucesso como empregado, é preciso saber as respostas certas, sob pena de demissão ou de no mínimo perder uma promoção. Os empreendedores não precisam saber todas as respostas. Tudo de que precisam saber é a quem recorrer e é para isso que servem os consultores.

Os empregados são treinados para ser especialistas. Em outras palavras, alguém que sabe muita coisa sobre muito pouco. Sua taça tem que estar cheia.

Introdução

Os empreendedores têm que ser generalistas. Ou seja, alguém que sabe um pouco de tudo. Sua taça está vazia.

As pessoas estudam para se tornar especialistas. Para virar contadores, advogados, secretários, enfermeiros, médicos, engenheiros ou programadores. Pessoas que sabem muito sobre um universo restrito. Quanto maior a especialização, mais dinheiro ganharão — pelo menos é o que esperam.

O que faz do empreendedor uma pessoa diferente é que ele precisa conhecer um pouco de contabilidade, direito, sistemas de engenharia, comércio, seguros, design, finanças, investimentos, relações humanas, vendas, publicidade, oratória, levantamento de capital e saber lidar com diferentes especialistas. O verdadeiro empresário sabe que há tanta coisa a saber e que ignora que não pode se dar ao luxo da especialização. É por isso que sua taça deve estar sempre vazia. Tem que estar sempre aprendendo.

Sem Formatura

Isso significa que o empreendedor deve ser um aprendiz muito proativo. Meu verdadeiro aprendizado começou depois que atravessei a linha que separa empregados de empreendedores. Não demorou nada para que eu estivesse lendo todos os livros sobre negócios que conseguia encontrar, além das revistas especializadas em finanças e de participar de seminários. Eu sabia que não tinha todas as respostas. Sabia que tinha muito a aprender e que tinha que ser depressa. E nada disso mudou até hoje. Sei que minha formação como empreendedor nunca terá formatura e que preciso continuar estudando. Será um aprendizado eterno. Em outras palavras, quando não estou trabalhando, leio ou estudo e, em seguida, aplico o que aprendo.

Ano após ano, esse estudo constante, seguido pela aplicação prática, foi um dos hábitos mais importantes para o meu sucesso. Como disse, eu não era um empreendedor nato como alguns amigos meus. Porém, como aconteceu na corrida entre a lebre e a tartaruga, alcancei e ultrapassei de maneira lenta, mas constante, alguns desses amigos, cujas taças ficaram cheias quando alcançaram o sucesso. Para o verdadeiro empresário, não existe a ideia de formatura.

Superespecializado

O diagrama a seguir faz parte do livro *Independência Financeira*, o segundo da série *Pai Rico*.

E significa Empregado
A significa Autônomo ou pequeno empresário
D significa Dono de grandes negócios
I significa Investidor

Um dos motivos para muitos empreendedores estarem no quadrante A e não no quadrante D é que eles são superespecializados. Os médicos, por exemplo, são tecnicamente empreendedores, mas acham difícil migrar do quadrante A para o D porque sua formação é muito especializada. Suas taças estão cheias. Para passar do quadrante A para o D, a pessoa tem que adquirir uma formação mais generalizada e manter sua taça sempre vazia.

Vale aqui um comentário sobre o quadrante CASHFLOW. Uma das razões para o pai rico recomendar que eu me tornasse um empresário dos quadrantes D e I é o fato de as leis fiscais serem mais favoráveis. Elas não favorecem na mesma proporção empregados e autônomos dos quadrantes E e A. Proporcionam incentivos maiores às pessoas do quadrante D, que geram empregos ou investem em projetos de interesse do governo — como a redução do imposto imobiliário. Em resumo, os impostos diferem conforme o quadrante.

Este livro comentará as diferenças de cada quadrante e como um empreendedor pode migrar de um quadrante para outro, especialmente do A para o D.

Uma Lista de Diferenças

Antes de se demitir, as pessoas têm que decidir se desejam fazer a transição de empregado para empresário. Essa transição, ou metamorfose, exige algumas mudanças e que se adquira:

- Uma mentalidade de independência financeira em detrimento da segurança

Introdução

- A habilidade de agir sem dinheiro
- A capacidade de produzir com um futuro incerto
- Concentração em oportunidades em vez de em recursos
- Diferentes estilos de gestão para administrar pessoas diferentes
- Saber gerir pessoas e recursos sobre os quais não tem controle
- Focar pensamento de equipe e valores em vez de pagamento e promoções
- Um aprendizado constante — não uma formatura
- Educação generalizada em vez de especializada
- Coragem para se responsabilizar por todo o negócio

Você deve ter notado que os fazendeiros, possivelmente os primeiros empresários que existiram, tinham que desenvolver a maioria dessas habilidades para sobreviver. A maioria tinha que plantar na primavera para colher no outono. Tinha que rezar para que o tempo fosse favorável e que as pragas, as doenças e os insetos deixassem o suficiente para a subsistência em longos e rigorosos invernos. O pai rico sempre dizia: "Se tiver a determinação e a tenacidade de um fazendeiro, será um grande empreendedor."

O Pote de Ouro no Final do Arco-Íris

Embora este livro inicialmente comente o quanto é difícil e demorado o processo de se tornar empreendedor, quero que saiba que existe um pote de ouro no final do arco-íris. Como em qualquer processo de aprendizado, até mesmo caminhar ou andar de bicicleta, o começo é sempre a parte mais difícil. Você na certa se lembra de como o meu primeiro dia como empresário foi horrível. Mas se insistir no aprendizado, seu mundo mudará, assim como mudou no dia em que finalmente aprendeu a caminhar ou a andar de bicicleta. E é isso o que acontece quando se trata do empreendedorismo.

Para mim, o pote de ouro no final do arco-íris acabou sendo maior do que jamais esperei que fosse. O processo de me transformar em empreendedor tornou-me muito mais rico do que jamais seria como empregado. Além disso, fiquei um tanto famoso e passei a ser reconhecido em várias partes do mundo. Duvido que ficasse famoso caso continuasse como empregado. Mais importante, nossos produtos chegaram às mãos de pessoas do mundo todo e, de alguma forma, as ajudaram a melhorar de vida. A melhor parte de aprender a ser um empresário é a capacidade de ajudar cada vez mais pessoas. Essa foi a minha razão primordial para empreender.

A Filosofia de um Empresário

A transformação de empregado para empreendedor começa pela mudança de mentalidade. No dia em que abandonei a Xerox, em Porto Rico, a minha ideologia mudou da filosofia do pai pobre para a do pai rico.

A mudança aconteceu nos seguintes desejos:
- De segurança para o de independência financeira
- De um pagamento garantido para o de grande riqueza
- De percepção de valores de dependência para os de independência
- De criar as minhas próprias regras em vez de obedecer às dos outros
- De dar ordens em vez de acatá-las
- De assumir responsabilidades em vez de dizer: "Não é da minha alçada"
- De determinar a cultura empresarial em vez de me adequar a outras
- De fazer a diferença no mundo em vez de reclamar dos seus problemas
- De encontrar uma dificuldade e torná-la uma oportunidade de negócio
- De escolher empreender em vez de ser empregado

Os Novos Superempresários

Em 1989, o mundo atravessou aquela que talvez tenha sido a maior revolução da história humana. O Muro de Berlim caiu e surgiu a internet. A Guerra Fria terminou e a globalização começou a decolar. O mundo passou dos muros para as redes, da divisão para a integração.

Em seu best-seller *The World Is Flat* ("O Mundo É Plano", em tradução livre), Thomas Friedman declarou que com a queda do Muro e o surgimento da web o mundo passou a ter uma superpotência (os Estados Unidos), supermercados globais e superindivíduos.

Minha profecia é que logo existirão superempresários cuja riqueza fará as fortunas dos milionários atuais parecerem ínfimas. Bill Gates e Michael Dell foram os jovens empreendedores bilionários da década de 1980. Agora, os novos empresários bilionários são Sergey Brin e Larry Page, fundadores do Google, e Mark Zuckerberg, do Facebook. Minha previsão é que os próximos superempresários não serão norte-americanos. Por quê? Mais uma vez, a resposta é porque os muros viraram redes.

Em 1996, a *Reform Telecom Act* e o dinheiro de Wall Street originaram empresas como a Global Crossing; falida, mas que cumpriu uma tarefa importante. Ela

Introdução

interligou o mundo com fibra óptica. Uma vez implantada a rede de fibra óptica, os cérebros poderosos de países como a Índia não precisaram mais procurar trabalho no Vale do Silício. Os gênios da Índia podem atualmente trabalhar em casa, por salários bem menores.

Devido ao poder dos cabos de fibra óptica e da internet, minha previsão é que o próximo Bill Gates ou Sergey Brin surgirá fora dos Estados Unidos, possivelmente na Índia, na China, em Singapura, na Irlanda, na Nova Zelândia ou na Europa Oriental. O poder cerebral, as inovações, a tecnologia e o acesso aos supermercados mundiais darão origem aos próximos adolescentes empreendedores bilionários ou trilionários.

Hoje em dia, muitos norte-americanos entram em pânico com a ideia de que nossos empregos altamente remunerados estão sendo terceirizados — remetidos não só para a Índia como para o mundo todo. Atualmente, até mesmo as tarefas executadas por contadores, advogados, corretores de valores e agentes de viagem podem ser realizadas por um preço menor, em qualquer outro lugar do mundo.

Sem Empregos Altamente Remunerados

Mas o que tudo isso tem a ver com os conselhos da Era Industrial: "Estude para arranjar um emprego seguro e bem-remunerado" ou "Trabalhe arduamente para subir na empresa"? Na minha opinião, esses velhos conselhos viraram papo-furado. Muitos empregados encontrarão menos empregos, pois alguém há milhares de quilômetros disputa a mesma vaga. A maioria de nós sabe que os salários de muitas categorias profissionais estão estagnados. Como esses salários podem aumentar se há alguém disposto a trabalhar por muito menos?

Uma das grandes diferenças entre o empregado e o empreendedor é que este fica entusiasmado com as transformações que a passagem de muros para redes suscita. E muitos empregados ficam aterrorizados com elas.

Uma Última Diferença

A última diferença que devo mencionar é a de ganhos entre empregados e empreendedores. Alguns dos CEOs mais famosos, como Steve Jobs e Warren Buffett, têm os maiores salários.

Seria por que os CEOs que são empregados trabalham por renda auferida e os que são empresários por outro tipo de renda?

Você É um Empreendedor?

Como pode ver, existem diferenças entre empregados e empreendedores. A finalidade deste livro é aprofundar a análise para que possa decidir, antes de sair do seu emprego, se transformar-se em empreendedor é o caminho para você.

Resumo

Na minha opinião, a principal diferença entre um empreendedor e um empregado é o desejo de segurança e o de independência financeira.

Meu pai rico dizia: "Caso se torne um empresário bem-sucedido, encontrará uma libertação que pouquíssimas pessoas jamais acharão. Não é apenas questão de se ter muito dinheiro ou tempo livre. Trata-se da libertação do medo do próprio medo."

"Libertação do medo de ter medo?", perguntei.

Ele balançou com a cabeça e prosseguiu: "Quando se olha embaixo do tapete da segurança do mundo, descobre-se o medo escondido. É por isso que tantas pessoas dizem: 'Estude!' Não é pelo amor ao aprendizado ou à formação intelectual: é pelo medo — de não conseguir um bom emprego ou ganhar dinheiro. Observe a maneira como os professores motivam seus alunos. É pelo medo. Eles dizem: 'Vou reprová-lo se não estudar.' Assim, eles os instigam a estudar pelo medo."

"Quando o aluno recebe o diploma e arranja um emprego, o medo é mais uma vez a motivação. Os empregados dizem ou pensam: 'Serei demitido se não der conta do trabalho.' Eles trabalham mais em função do medo — de não poder alimentar a família ou não ter dinheiro para pagar o financiamento de onde mora. O medo é o que faz as pessoas valorizarem a segurança. O problema da segurança é que esta não elimina o medo. Simplesmente o esconde embaixo do tapete, mas ele estará sempre ali, como o Bicho-Papão esperando embaixo da cama."

Como naquela época eu ainda era um estudante, consegui realmente entender a ideia de estudar em função do medo. "Só estudo pelo medo de ser reprovado. Não estudo porque quero aprender. Tenho tanto medo da reprovação que estudo matérias que sei perfeitamente que nunca me servirão para nada."

O pai rico acenou de novo com a cabeça e disse: "Estudar em busca da segurança não é o mesmo que aprender para buscar a independência financeira. As pessoas que estudam para ser livres estudam matérias diferentes das que estudam em função da segurança."

"Mas por que elas não têm opção na escola?", questionei.

Introdução

"Não sei", respondeu meu pai rico. "O problema de estudar em busca da segurança é que o medo estará sempre presente; e, se está à espreita, você raramente encontra a segurança, então faz mais seguros, pensando em maneiras de se proteger. Você sempre se preocupará em silêncio, mesmo que finja que não tem motivo. A pior coisa de se viver em função da segurança é que se acaba vivendo duas vidas — a que você tem e a que sabe que poderia levar. Esses são alguns dos problemas de se estudar em busca da segurança. De todos, o principal é que o medo estará sempre presente."

"E se eu me tornar empreendedor, significa que não terei mais medo?", perguntei.

"Claro que não!", sorriu meu pai rico. "Só os loucos acham que não têm medo de nada. Ele está sempre presente. Qualquer um que diga que não tem medo não está em sintonia com a realidade. O que eu disse foi: 'Libertar-se do medo do medo.' Em outras palavras, você não precisa receá-lo; mas não pode se tornar cativo. O medo não definirá sua vida, como acontece com a maioria das pessoas. Em vez de temê-lo, aprenderá a enfrentá-lo e a utilizá-lo a seu favor. Em vez de se demitir porque a empresa em que trabalha não tem muito dinheiro e você tem medo de não poder pagar as contas, ser um empresário lhe dará a coragem de seguir em frente, pensar com clareza, estudar, ler, conversar com pessoas novas e ter novas ideias e atitudes. O anseio pela libertação pode lhe dar a coragem necessária para trabalhar durante anos, sem precisar de empregos ou salários garantidos. É desse tipo de liberdade que falo. A libertação do medo. Todos nós temos medo. A questão é saber se ele nos levará a buscar a segurança ou a independência financeira. Os empregados buscam a segurança; os empreendedores, a independência financeira."

"Se a busca pela segurança resulta do medo, qual é a força motriz da busca pela independência financeira?", perguntei

"A coragem", respondeu meu pai rico. "A palavra *coragem* vem da palavra francesa *coeur* — coração." Fez uma pausa e então concluiu a conversa, dizendo: "Sua resposta para decidir se tornar um empreendedor ou um empregado está no seu coração."

A Liberdade É Mais Importante do que a Própria Vida

Um dos meus filmes prediletos é o clássico *Easy Rider*, com Peter Fonda, Dennis Hopper e Jack Nicholson. Em uma das cenas, pouco antes de Jack Nicholson ser assassinado, conversa com Dennis Hopper sobre liberdade. Acho oportuno encerrar esta introdução com este diálogo porque foi em função dele que decidi me tornar

Empreendedor Rico

empresário. Escolhi ser empreendedor para ser livre. Para mim, a liberdade é mais importante do que a própria vida.

Nesta cena, os três estão acampados em um pântano depois de serem provocados, ameaçados e afugentados da cidadezinha próxima por um bando de conformistas.

Dennis Hopper: Eles estavam com medo, cara.

Jack Nicholson: Ah, mas não era de você. Era do que representa.

DH: Tudo o que representamos são três caras que precisam cortar o cabelo.

JN: Ah, não. O que você representa é a liberdade.

DH: E o que diabos há de errado com a liberdade, cara? É tudo o que importa.

JN: É. É isso aí. É tudo o que importa. Mas falar de liberdade não é ser livre — são duas coisas diferentes. Quero dizer, é realmente difícil ser livre quando se é comprado e vendido. Claro, ninguém vai dizer a eles que não são livres, porque aí eles iriam realmente agir, matando e aleijando gente para provar o contrário. Ah, sim, eles ficam falando e falando sobre a liberdade individual. Mas se apavoram quando encontram alguém que é livre, isso os assusta.

DH: Bem, não os faz fugir de medo.

JN: Não. Isso os torna perigosos.

Pouco depois desse diálogo, os três são cercados e espancados pelos mesmos conformistas. O personagem de Nicholson morre e Fonda e Hopper seguem a viagem, mas acabam inevitavelmente sendo assassinados, não pelos mesmos conformistas, mas por outros que pensam do mesmo jeito.

Embora o filme transmita diversas mensagens a diferentes pessoas, a minha interpretação é de que é preciso coragem para ser livre — para ser você mesmo, independentemente de ser empregado ou empreendedor.

LIÇÃO DO MUNDO REAL #1
Um Negócio de Sucesso Começa Antes de Existir

Capítulo 1

QUAL É A DIFERENÇA ENTRE UM EMPREGADO E UM EMPRESÁRIO?

Comece com a Mentalidade Correta

Quando eu ainda estava na adolescência, meu pai pobre sempre dizia: "Vá à escola e tire boas notas, para poder encontrar um emprego estável que ofereça bons benefícios." Ele me incentivava a me tornar um empregado.

Meu pai rico frequentemente dizia: "Aprenda a montar seu próprio negócio e contrate bons funcionários." Ele me motivava a me tornar um empresário.

Um dia, perguntei ao meu pai rico qual era a diferença entre um empregado e um empresário. A resposta foi a seguinte: "Os empregados procuram um emprego depois que o negócio já está constituído. O trabalho do empreendedor começa antes dele existir."

Índice de Fracasso de 99%

As estatísticas indicam que 90% de todos os novos negócios fracassam nos primeiros cinco anos. Também mostram que 90% dos 10% que sobrevivem por mais de cinco anos fracassam antes de completar dez anos. Em outras palavras, aproximadamente 99% de todas os negócios iniciantes fracassam em dez anos. Por quê? Embora existam muitas razões para isso, algumas das mais críticas são:

- As escolas preparam os estudantes para ser empregados que buscam empregos, em vez de capacitá-los para empreender e gerar negócios e empregos.

Capítulo 1

- As habilidades necessárias para ser um bom empregado não são as mesmas para um empreendedor de sucesso.

- Muitos empresários não chegam a montar um negócio. Em vez disso, se esforçam para criar um emprego exclusivo. Tornam-se autônomos em vez de proprietários.

- Alguns empreendedores cumprem longos horários e recebem menos por hora do que seus empregados. Assim, desistem por exaustão.

- Muitos novatos começam sem experiência prática e capital necessário.

- Muitos empresários têm produtos ou serviços excelentes, mas não possuem as habilidades necessárias para montar um sistema bem-sucedido com eles.

Construindo os Alicerces

Meu pai rico dizia: "Iniciar um negócio é como saltar de um avião sem paraquedas. Depois que saltou, o empreendedor começa a fabricá-lo e reza para que se abra antes do impacto com o solo." Também dizia: "Se o empresário chegar ao chão antes de construir o paraquedas, será quase impossível voltar para o avião e tentar de novo."

Quem está familiarizado com os livros da série *Pai Rico* sabe que saltei do avião muitas vezes sem conseguir produzir o paraquedas. Mas consegui bater no chão e ricochetear de volta. Este livro contará como foram alguns dos meus saltos, quedas e retornos. Muitos dos meus fracassos e sucessos foram bem pequenos, então os tombos não foram tão lancinantes — isto é, até que montasse o meu negócio de carteiras de náilon e velcro. Darei mais detalhes ao longo do livro, porque cometi muitos erros e aprendi com eles o tempo todo. O sucesso desse negócio foi assombroso e o fracasso também. Levei um ano para me recuperar do tombo. A vantagem foi que essa foi a melhor experiência empresarial que tive na vida. Aprendi muito sobre negócios e sobre mim mesmo através do processo de recuperação.

A Rachadura no Dique

Uma das razões para eu ter levado um tombo tão grande com o negócio de carteiras de náilon e velcro para surfistas foi não ter prestado atenção aos detalhes. Existe um fundo de verdade no velho ditado: "Quanto mais alto, maior a queda." Minha pequena empresa de carteiras cresceu tão rapidamente que se tornou maior do que a capacidade dos três empreendedores que a fundaram. Em vez de criar um negócio, havíamos criado o monstro do dr. Frankenstein. Em outras palavras, nosso súbito sucesso estava potencializando os nossos erros. O problema real, entretanto, foi que não percebemos que estávamos falhando. Achávamos que tínhamos sucesso, estávamos ricos e éramos gênios. Apesar de termos consultado especialistas (como advogados de patentes), não demos atenção às recomendações.

Como três empresários bem-sucedidos, todos ao redor dos trinta anos, negligenciamos o negócio e caímos na farra. Pensávamos realmente que havíamos construído um negócio. Achávamos que éramos empresários, acreditávamos realmente em nossa história de sucesso e começamos a sair de órbita. O champanhe começou a rolar. Não demorou muito para cada um de nós ter seu carro cobiçado e sair com mulheres ainda mais disputadas. O sucesso e o dinheiro deixaram-nos cegos e não conseguimos enxergar as rachaduras que estavam se abrindo no dique.

Finalmente o dique arrebentou. O castelo de cartas começou a cair à nossa volta. O nosso paraquedas não se abriu.

Sucesso Demais

A finalidade de eu comentar a minha estupidez empresarial é que muitas pessoas acreditam que é a falta de sucesso que mata um negócio. Em muitos casos, isso é verdade. O fracasso da minha empresa de carteiras foi uma experiência valiosa porque descobri, ainda no começo da carreira de empresário, que sucesso demais também pode liquidar um negócio. O que quero dizer é que um negócio inadequadamente estruturado pode fracassar, independentemente do seu sucesso inicial.

O Trabalho Intenso Encobre um Projeto Inadequado

Um negócio inicialmente mal concebido pode ser capaz de sobreviver se o empreendedor trabalhar arduamente e for determinado. Em outras palavras, o trabalho intenso pode ocultar uma estrutura inadequada e impedir que o negócio fracasse. O mundo está abarrotado de pequenos empreendedores que conseguiram suprir as falhas dos seus negócios à custa de esforço, força de vontade, fita adesiva e arame. O problema é que, se o empresário parar de trabalhar, o negócio se desmantela e afunda.

No mundo todo, os empresários se despedem da família pela manhã e passam o dia inteiro no comando dos seus negócios. Muitos vão trabalhar acreditando que mais trabalho e mais horas despendidas resolverão todos os problemas que

Capítulo 1

o negócio enfrenta — vendas insuficientes, empregados insatisfeitos, consultores incompetentes, falta de dinheiro para a expansão, fornecedores que aumentam os preços, seguros mais caros, senhorios que encarecem o aluguel, mudanças na regulamentação governamental, fiscais federais, estaduais e municipais, impostos cada vez maiores, clientes descontentes ou em débito e o tempo escasso, para mencionarmos apenas alguns dos desafios do dia a dia. Muitos não percebem que grande parte dos problemas que o negócio enfrenta começou na verdade muito antes que existisse como tal.

Uma das razões primordiais para a elevada incidência de fracasso das pequenas empresas é simplesmente a exaustão. É difícil fazer dinheiro e ir em frente quando grande parte do seu tempo é dedicada a atividades que não rendem nada ou que custam caro, sem gerar receita. Se estiver pensando em montar um negócio, talvez seja melhor, antes de largar seu emprego, conversar com um empresário sobre o tempo que ele gasta com atividades que não geram receita, mas que, mesmo assim, são imprescindíveis. Pergunte também como enfrenta esses desafios.

Como um amigo meu disse certa vez: "Estou tão ocupado cuidando do meu negócio que não tenho tempo para ganhar dinheiro algum."

Trabalho Árduo e Prolongado Garantem o Sucesso?

Um dos meus amigos largou um emprego altamente remunerado em um grande banco de Honolulu e abriu uma pequena lanchonete na zona industrial da cidade. Ele sempre quis ser seu próprio patrão e fazer as coisas do seu jeito. Como gerente de crédito do banco em que trabalhava, via que os clientes mais ricos eram empresários e também quis sê-lo. Então se demitiu e foi em busca do seu sonho.

Ele e a mãe levantavam-se todos os dias às quatro da madrugada para começar a preparação do almoço para os clientes da lanchonete. Os dois trabalhavam muito, limitando despesas, para servir pratos saborosos e fartos a preços reduzidos.

Anos a fio eu ia até a lanchonete, almoçava e me inteirava de como estavam se saindo. Os dois pareciam muito contentes e gostavam do trabalho e dos clientes. "Algum dia ampliaremos o negócio", dizia o meu amigo. "Algum dia vamos contratar quem faça o trabalho mais pesado no nosso lugar." O problema foi que esse "algum dia" nunca chegou. A mãe dele morreu, a lanchonete teve que ser fechada e o meu amigo foi trabalhar como gerente em uma franquia de fast-food. Ele voltou a ser empregado. Da última vez em que o encontrei, ele disse: "O salário não é lá grande coisa, mas pelo menos eu não trabalho tanto." Este foi um caso no qual o paraquedas não se abriu. Meu amigo atingiu o solo antes de ter construído um negócio.

Já ouço alguns de vocês dizendo: "Bom, pelo menos ele tentou", "Foi apenas falta de sorte. Se a mãe dele não tivesse morrido, os dois teriam ampliado o negócio e ganhado muito dinheiro" ou "Como você critica quem trabalha tanto?". Concordo com essas reações. Minha intenção não é criticá-los, pois, embora não tivéssemos nenhum parentesco, eu gostava muito dos dois. Percebia que estavam felizes, mas doía vê-los trabalhar tanto, dia após dia, e não progredir.

Conto essa história apenas para provar o que digo. O negócio do meu amigo começou a fracassar antes de *existir*. Ele deveria tê-lo estruturado melhor antes de largar seu emprego.

Ser Empresário É o Melhor para Você?

Caso se assuste com essas histórias sobre trabalho árduo, fracasso por insucesso ou sucesso demasiado e saltar de um avião sem paraquedas, talvez ser empreendedor não seja ideal para você.

Mas se essas histórias o deixarem curioso ou o levam a se sentir desafiado, continue lendo. Depois que ler este livro, terá pelo menos uma ideia melhor do que os empreendedores precisam saber para chegar ao sucesso. E compreenderá melhor como criar, projetar e montar um negócio que cresça com ou sem sua presença constante e, quem sabe, o deixe rico muito além do que jamais imaginou.

A Tarefa do Empreendedor

A principal tarefa do empreendedor começa antes que existam um negócio ou empregados. É projetar um negócio que possa:

- Crescer
- Empregar muitas pessoas
- Agregar valores para seus clientes
- Ser sustentável
- Prosperar todos os que trabalharem nele
- Ser solidário
- Não ter o empreendedor como peça vital

Capítulo 1

O empresário de sucesso projeta mentalmente um negócio desse tipo antes de sua existência. De acordo com o meu pai rico, essa é a tarefa do verdadeiro empreendedor.

O Fracasso que Levou ao Sucesso

Logo depois de um dos meus fracassos desmoralizantes, fui procurar meu pai rico e perguntei: "O que fiz de errado? Achei que tinha previsto tudo direito."

"Evidentemente não previu", respondeu ele, com um sorrisinho.

"Quantas vezes terei que tentar? Sou o maior fracassado que conheço."

O pai rico me encarou e disse: "Os perdedores desistem quando fracassam. Os vencedores fracassam até ter sucesso." Ajeitou ligeiramente os documentos que tinha sobre a mesa, encarou-me novamente e disse: "O mundo está cheio de pessoas que querem empreender. Ficam entrincheiradas nas suas mesas, têm títulos importantes, como vice-presidente, gerente regional ou supervisor e algumas até recebem salários decentes. Esses candidatos a empreendedores sonham em fundar seu império. Talvez alguns consigam. Mas acho que a maioria nunca vai confiar no paraquedas. A maioria encontrará alguma desculpa, como: 'Vou esperar até que os meus filhos cresçam', 'Preciso primeiro voltar a estudar' ou 'Assim que eu tiver dinheiro suficiente guardado'."

"Mas nunca saltam do avião", falei, concluindo o raciocínio. O pai rico concordou com a cabeça.

Que Tipo de Empreendedor Quer Ser?

O pai rico prosseguiu, explicando que o mundo está cheio de diferentes tipos de empreendedores. Existem grandes e pequenos, ricos e pobres, honestos e oportunistas, que visam ou não o lucro, santos e pecadores, interioranos e internacionais, bem-sucedidos e fracassados. E disse: "O termo *empreendedor* é altissonante, tem inúmeros significados para pessoas diferentes."

O Quadrante CASHFLOW

Como mencionei na Introdução, o quadrante CASHFLOW explica que o mundo dos negócios abrange quatro tipos de pessoas. Elas diferem entre si técnica, emocional e mentalmente.

E significa Empregado
A significa Autônomo ou pequeno empresário
D significa Dono de grandes negócios
I significa Investidor

Os empregados, por exemplo, têm sempre o mesmo discurso, independentemente de serem diretores ou faxineiros da empresa. Um empregado sempre diz: "O que quero é um emprego garantido e seguro, com benefícios." As palavras-chave são *garantido* e *seguro*. Dito de outra forma, a emoção do medo aprisiona essas pessoas no quadrante correspondente. Se alguém quiser mudar de quadrante, terá não só que adquirir habilidades e conhecimentos técnicos, como também, em muitos casos, superar obstáculos emocionais.

Uma pessoa do quadrante A costuma dizer: "Eu mesmo tenho que fazer se quiser que saia direito." Em muitos casos, o desafio para essa pessoa é aprender a confiar nos outros para executar um trabalho melhor do que ela mesma conseguiria. Essa falta de confiança frequentemente mantém essas pessoas pequenas, já que é difícil ampliar um negócio sem confiar eventualmente em terceiros. Quando crescem, as pessoas do quadrante A geralmente o fazem dentro de uma parceria, que em muitos casos é um grupo de pessoas do mesmo quadrante em torno da mesma tarefa.

As pessoas do quadrante D estão sempre procurando bons funcionários e bons sistemas empresariais. Elas não querem necessariamente fazer elas mesmas o trabalho. Querem consolidar um negócio que o faça. O verdadeiro empreendedor do quadrante D pode expandir seu negócio pelo mundo todo. O do quadrante A frequentemente se restringe a uma área limitada, que ele consiga controlar pessoalmente. É claro que sempre há exceções.

As pessoas do quadrante I, os investidores, procuram um A ou D esperto, que pegue seu dinheiro e o faça aumentar.

Capítulo 1

Ao orientar seu filho e a mim, o pai rico nos disse para inicialmente montarmos um negócio bem-sucedido do quadrante A, com possibilidade de se expandir para uma empresa do quadrante D. É exatamente a isto que este livro se refere.

Que Tipo de Negócio Deseja Construir?

Como parte da orientação que nos deu, o pai rico incentivou seu filho e a mim a ir a campo e examinar tantos tipos de negócios quantos encontrássemos. E disse: "Como poderiam ser empreendedores e constituir negócios sem conhecer as diferentes possibilidades?"

Empreendedores Autônomos

O pai rico foi taxativo ao explicar que muitos empreendedores não são exatamente proprietários de empresas, mas sim autônomos, têm um emprego e não um negócio. Ele disse: "Você será um autônomo quando o negócio consistir em você mesmo, não houver receita quando parar de trabalhar, os clientes se dirigirem diretamente a você e seus empregados o procurarem a cada vez que surgir um problema. Você também será um autônomo quando for a pessoa mais esperta, talentosa ou escolarizada do seu negócio."

Ele não tinha nada contra os empreendedores autônomos. Simplesmente queria que pudéssemos perceber a diferença entre empreendedores que têm negócios e os que têm empregos. Os consultores, músicos, atores, faxineiros e donos de pequenos comércios se classificam como dono de um emprego e não de um negócio, no quadrante A.

O ponto principal que o pai rico queria enfatizar ao discutir a diferença entre um empreendedor autônomo e o dono de uma grande empresa é que muitos empreendedores autônomos encontram dificuldades para fazer o negócio crescer e se transformar em uma grande empresa. Em outras palavras, enfrentam um verdadeiro desafio quando querem passar do quadrante A para o D. E por quê? Mais uma vez, a resposta é que o negócio certamente foi mal estruturado antes de existir. O negócio estava condenado antes mesmo de começar.

O pai rico começou como um empreendedor autônomo do quadrante A. Em sua cabeça, entretanto, imaginou estruturar um grande negócio, dirigido por gente mais esperta e capacitada do que ele. Antes de constituí-lo, ele o projetou de forma que pudesse se expandir até chegar ao quadrante D.

Profissionais Liberais e Executivos

Ele também fez questão de que soubéssemos que muitos profissionais liberais, como médicos, advogados, contadores, arquitetos, encanadores e eletricistas criam negócios autônomos, baseados em uma profissão ou em uma atividade técnica. A maioria dessas profissões e atividades exige licença do governo para ser exercida.

Os executivos também se incluem nessa categoria; muitos deles, como os corretores de imóveis, de seguros e valores mobiliários, são consultores independentes. Muitos desses profissionais são tecnicamente empreendedores autônomos, isto é, empreiteiros independentes. O problema com esse tipo de negócios é que não existe realmente um negócio que possa ser vendido, já que não há nenhum negócio além do seu proprietário. Em muitos casos, nem existem sequer ativos. O único ativo é o dono do negócio. Se quiser vendê-lo, não significa necessariamente que conseguirá um valor tão elevado quanto os que se consegue pelos negócios do quadrante D. Além disso, talvez tenha que se comprometer a ficar no negócio para dar continuidade ao que faz. Essencialmente falando, deixará de ser o dono e passará a ser um empregado do comprador do negócio.

Na cabeça do meu pai rico, não fazia sentido trabalhar arduamente sem construir um ativo. Foi por isso que ele nos preveniu, seu filho e a mim, contra querermos algum dia nos transformar em empregados. Ele disse: "Adianta trabalhar muito e não construir nada?"

Comentaremos mais adiante como os empreendedores desse tipo podem criar um ativo empresarial — algo que possam construir e, quem sabe, vender.

Negócios Familiares

Existe um número considerável de negócios nessa categoria. Recebem essa denominação porque muitos são empresas familiares. Como exemplo, minha avó materna tinha uma pequena loja de conveniência que a família se revezava para cuidar.

O problema quanto ao crescimento das empresas familiares é o nepotismo. Muitas pessoas colocam os filhos à frente do negócio, mesmo que não sejam capacitados, porque o sangue fala mais alto. Os filhos raramente sentem o mesmo amor que os pais sentiam pelo negócio ou às vezes não têm tino comercial para liderar o empreendimento.

Franquias

As franquias do tipo McDonald's são teoricamente operações chave na mão. A empresa franqueadora entrega um negócio totalmente estruturado a uma pes-

Capítulo 1

soa que não quer enfrentar a fase de criação e desenvolvimento. É como se tornar empresário instantaneamente. Uma das vantagens oferecidas por certas franquias é que os bancos são mais propensos a emprestar dinheiro a quem pretende comprar uma do que a uma pessoa que queira iniciar o negócio a partir do nada. Os bancos se sentem mais à vontade com o histórico de sucesso de outras franquias e valorizam a orientação que as franqueadoras dão aos novos empresários.

Um dos maiores problemas com as franquias famosas é que costumam ser mais caras e inflexíveis com os candidatos a empresário. São o tipo de negócio que origina litígios judiciais e, frequentemente, processos. As brigas entre franqueador e franqueado são algumas das disputas mais penosas do mundo dos negócios.

Sabe-se que uma das principais razões dessas brigas é que as pessoas que adquirem franquias não querem administrá-las da maneira que o franqueador deseja. Outra razão é que, quando a franquia não progride financeiramente, o franqueado culpa o franqueador pelo fracasso. Se não quiser seguir ao pé da letra as orientações de um franqueador, será melhor projetar, montar e iniciar um negócio independente.

Marketing de Rede e Vendas Diretas

O marketing de rede e as vendas diretas são considerados uma das formas de comercialização que mais cresce atualmente. E é também uma das mais controversas. Muitas pessoas ainda reagem negativamente, afirmando que várias empresas de marketing de rede não passam de esquemas do tipo pirâmide. Na verdade, o maior esquema em pirâmide do mundo é a grande corporação, com uma pessoa no topo e todos os empregados abaixo dela.

Qualquer um que queira ser empreendedor deve analisar os negócios de marketing de rede. Parte das maiores empresas incluídas entre as da *Fortune 500* distribuem seus produtos através do marketing de rede ou das vendas diretas.

Não sou membro de nenhum negócio de marketing de rede ou de vendas diretas, mas sou a favor desse ramo de atividades. Qualquer candidato a empreendedor deve analisar a possibilidade de se associar a uma dessas empresas antes de se demitir do seu emprego. Por quê? Porque muitas dessas empresas proporcionam um treinamento essencial em vendas, construção de negócios e habilidades de liderança que não são encontradas em outros lugares. Um dos benefícios mais valiosos da associação a uma empresa prestigiada é que esta irá transmitir a mentalidade e a coragem indispensáveis a qualquer pessoa que queira ser um empreendedor. Você também conhecerá melhor os sistemas necessários para se montar um negócio de sucesso. A taxa de filiação costuma ser bastante razoável e a formação oferecida não ter preço. (Para entender melhor a importância desses modelos de negócio, visite o nosso site richdad.com, para conhecer dois livros sobre o assunto: *Escola de Negócios* e *O Negócio do Século XXI*.)

Se eu tivesse que recomeçar a minha carreira de empreendedor, ingressaria em um negócio de marketing de rede ou em vendas diretas; não pelo dinheiro, mas pelo treinamento empresarial que receberia — semelhante ao que o meu pai rico me proporcionou.

Ladrões Autorizados

Uma das discussões mais interessantes que Mike e eu tivemos com o pai rico foi sobre os empresários que roubam outros empresários. O pai rico utilizou como exemplo um contador que trabalha para um escritório de contabilidade. Certo dia, esse empregado pediu demissão e montou seu próprio escritório, passando a procurar os clientes que havia conhecido enquanto ainda era empregado. Em outras palavras, o contador saiu da empresa, mas levou os negócios com ele. "Embora isso não seja ilegal, ainda é roubo", disse o pai rico. Apesar de ser uma das formas de se iniciar um negócio, absolutamente não era o tipo de empresário que gostaria que seu filho ou eu nos tornássemos.

Empresários Criativos

Ele queria que fôssemos empresários criativos como Thomas Edison, Walt Disney ou Steve Jobs. E costumava dizer: "É fácil montar um pequeno negócio, como uma lanchonete familiar. Relativamente falando, é igualmente fácil ser um empreendedor autônomo, como um encanador ou um dentista. E também é fácil ser um empresário competitivo — alguém que observa uma boa ideia, a copia e passa a concorrer com seu criador." Foi mais ou menos isso que aconteceu comigo quando inventei e lancei as carteiras de náilon e velcro. Mal havíamos criado o mercado e o interesse pela nova linha de produtos, os concorrentes surgiram e acabaram com o meu pequeno negócio. É claro que não posso recriminá-los. A culpa foi toda minha, porque projetei incorretamente o negócio antes de montá-lo e colocá-lo em funcionamento.

Apesar da surra que levei, o pai rico ficou contente com o fato de eu estar aprendendo a ser um empresário criativo e não um mero mimetizador do sucesso dos outros. Ele disse: "Alguns empreendedores vencem pela criação. Outros, copiando e concorrendo. O que mais se arrisca é o criativo, também chamado de inovador."

"Por que o empresário criativo é o que mais se arrisca?", perguntei.

Capítulo 1

"Porque ser criativo normalmente significa que você será um pioneiro. É fácil copiar um produto bem-sucedido e comprovado. E também é menos arriscado. Mas se aprender a inovar, criar ou inventar seu caminho até o sucesso, será um empresário que cria novos valores, em vez de vencer plagiando os outros."

Público e Privado

A vasta maioria dos negócios grandes ou pequenos consiste em companhias limitadas. Também chamada de sociedade limitada, o que significa que a empresa tem apenas alguns donos e a participação acionária não está publicamente disponível.

A empresa de capital aberto é aquela que vende ações ao grande público, na maioria das vezes através de corretoras de ações e outras entidades autorizadas a negociar valores mobiliários. A empresa de capital aberto oferece suas ações nas bolsas de valores como a Bovespa e é obrigada a respeitar regras muito mais rígidas do que as sociedades limitadas.

O pai rico nunca constituiu uma empresa de capital aberto, mas recomendou que Mike e eu o fizéssemos como parte de nossa formação para o mundo dos negócios. Em 1996, simultaneamente à constituição da *Rich Dad*, também investi e participei da formação de três empresas de capital aberto. Uma delas pesquisaria jazidas de petróleo, a outra, de ouro e a terceira, de prata. O negócio petrolífero faliu apesar de haver achado petróleo, mas esta é uma história à parte. As empresas de prospecção de ouro e prata encontraram razoáveis jazidas dos metais que buscavam. Embora a empresa petrolífera viesse a falir, as mineradoras de ouro e prata ganharam um bom dinheiro para seus investidores.

O desenvolvimento de empresas de capital aberto foi uma grande experiência. Como o pai rico sugeriu: aprendi muito e me tornei um empresário nesse processo. Descobri que as regras são muito mais complexas para uma empresa pública. Ela tem dois interesses e dois tipos diferentes de clientes: reais e investidores. Ela também atende a dois chefes: seu conselho de diretores e o órgão fiscal do governo, como a Comissão de Valores Mobiliários. Aprendi também normas mais rígidas, referentes à contabilidade e à elaboração de relatórios.

Eu ainda era um empresário novato quando ouvi o pai rico dizer: "O sonho de muitos empreendedores é ver as empresas que constituíram lançar ações na bolsa de valores." No entanto, as regras se tornaram muito mais rígidas e os requisitos de conformidade ficaram mais complicados depois dos escândalos da Enron, Arthur Andersen, Worldcom e Martha Stewart. O governo havia começado a espiar por cima do ombro das empresas de capital aberto. A formação desse tipo de empresa não era tão divertida quanto eu esperava que fosse. Apesar de ter aprendido muito, ganhado muito dinheiro para mim e para os investidores, melhorado minhas qualificações como empresário, aprendido como construir uma empresa de capital aberto e de ter gostado do processo de aprendizado, duvido que volte a constituir uma empresa desse tipo. Esse tipo de empresa é para outro tipo de empreendedor. Posso ganhar mais dinheiro e me divertir de verdade com as sociedades de capital fechado.

Qualquer um Pode Ser um Empreendedor?

O pai rico queria que seu filho e eu entendêssemos que qualquer um pode ser empreendedor. Não há nada de especial nisso. E ele não queria que a ideia de empreender nos subisse à cabeça. Não queria que olhássemos ninguém com petulância ou pensássemos que seríamos melhores do que as outras pessoas caso tivéssemos sucesso como empresários.

Sendo assim, ele disse: "Qualquer um pode ser empreendedor. A babá que cuida do seu filho é uma empreendedora. E Henry Ford, fundador da Ford, também era empreendedor. Qualquer pessoa que tenha um pouco de iniciativa pode sê-lo. Não pensem, portanto, que estas são pessoas especiais ou melhores que todo mundo. A tarefa de vocês é decidir que tipo de empreendedores querem ser — babás ou Henry Fords? Ambos oferecem produtos ou serviços valiosos. São igualmente importantes para os respectivos clientes. No entanto, atuam em diferentes campos e faixas do empreendedorismo. É como a diferença entre o futebol americano jogado nos terrenos baldios e o do ginásio, na faculdade e nas grandes equipes profissionais."

A partir desse exemplo, entendi o que o pai rico queria enfatizar. Quando eu jogava futebol na universidade, nosso time teve oportunidade de praticar com alguns jogadores de um time profissional, o New York Jets. Foi uma experiência muito humilhante. Ficou imediatamente evidente para toda nossa equipe de futebol universitário que, embora jogássemos o mesmo jogo que os profissionais, a partida estava sendo disputada em níveis completamente diferentes.

Eu jogava na posição de *linebacker* e tive a primeira surpresa, aliás muito rude, quando tentei deter um dos *running back* dos Jets que chegou até minha linha de defesa. Duvido que ele tenha percebido que tentei detê-lo, porque ele praticamente passou por cima de mim. Tive a sensação de estar tentando parar um rinoceronte em pleno ataque. Ele nem sentiu o choque, mas eu na certa senti. O *running back* e eu tínhamos mais ou menos o mesmo peso e tamanho, mas, depois que tentei

Capítulo 1

derrubá-lo, percebi que a diferença não era física e, sim, de personalidade. Ele tinha a alma, a garra e o dom natural para ser um grande jogador.

A lição que aprendi, naquele dia, foi que embora jogássemos o mesmo jogo, não estávamos jogando no mesmo nível. E vale a mesma coisa em relação ao mundo dos negócios e ao jogo do empreendedorismo. Todos nós podemos ser empreendedores. Ser empresário não é o problema. A questão quando se projeta um negócio é: "Em que nível desse jogo quero jogar?"

Hoje, mais velho e sábio, não tenho a menor ilusão de vir a ser um grande empreendedor como Thomas Edison, Henry Ford, Steve Jobs ou Walt Disney. Contudo, posso aprender com eles e valer-me deles como mentores e modelos.

A Lição #1 do pai rico é a seguinte: "Um negócio bem-sucedido é criado antes mesmo de começar a existir."

A tarefa mais importante do empreendedor é projetar o negócio antes mesmo que exista.

Projetando Seu Negócio

A maioria dos novos empreendedores fica entusiasmada com um produto novo ou uma oportunidade que aparentemente os deixará ricos. Infelizmente, muitos novatos se concentram no produto ou na oportunidade, em vez de investir seu tempo no projeto do negócio com base no produto ou na oportunidade. Antes de você largar seu emprego, talvez seja uma boa ideia estudar a vida dos empresários e os diversos tipos de negócios que estes fundaram. Além disso, você talvez queira achar um mentor que tenha sido empresário. Frequentemente as pessoas pedem conselhos a quem tem experiência como empregados e não como empreendedores.

Apresentaremos mais adiante o Triângulo D–I, que sintetiza os componentes necessários para a constituição de qualquer negócio, independentemente de este ser grande ou pequeno, uma franquia ou uma empresa de um dono só, um negócio familiar ou uma sociedade anônima. Depois que a pessoa entender os diferentes componentes que constituem o negócio, será muito mais fácil projetá-lo e diferenciar aqueles adequados dos inadequados.

Recomendamos que você mantenha seu emprego enquanto estiver estruturando o negócio em regime de tempo parcial — não pelo salário e sim pela experiência. Isso significa que você estará ganhando uma coisa bem mais importante do que dinheiro, mesmo que seu negócio não chegue a dar lucro algum — a experiência na vida real. Você aprenderá não só sobre os negócios, como também aprenderá muito sobre si mesmo.

LIÇÃO DO MUNDO REAL #2
Transformar o Azar em Sorte

Capítulo 2

DEBI E LOIDE ESTÃO FICANDO CADA VEZ MAIS RICOS

Meu Primeiro Negócio

Meu primeiro negócio faliu em 1956. Eu tinha nove anos de idade.

Meu segundo negócio foi em frente, também em 1956. Eu ainda tinha nove anos. Não fosse pelo fracasso do meu primeiro negócio, o segundo nunca teria dado certo.

O Fracasso como Estratégia

Fracassar como empresário, quando eu ainda era um garoto, foi uma experiência decisiva. Foi fundamental para que eu desenvolvesse uma estratégia de sucesso relativa ao meu futuro. Aos nove anos, comecei a perceber que os erros que eu cometia eram a melhor forma de aprender o que são os negócios. Embora não ganhasse lá essas coisas em termos de dinheiro, percebi que quanto mais esperto ficasse, fracassando e aprendendo a partir dos erros, mais rico me tornaria. Até hoje de vez em quando ainda faço algumas coisas sabendo que não vão dar certo. E por quê? Porque aprendi, aos nove anos, que os fracassos são essenciais para que se chegue ao sucesso.

Os empreendedores fracassam por duas razões fundamentais. Uma delas é que os aspirantes a empresários têm tanto medo de fracassar que ficam paralisados e não agem. Levantam-se e vão trabalhar — sempre com alguma desculpa para não estar prontos para largar o emprego e começar seus próprios negócios. As desculpas habituais incluem a falta de dinheiro, o risco elevado, a época que não é favorável, a alimentação e educação dos filhos e muitas outras.

A segunda razão para os empreendedores fracassarem é que não fracassam o suficiente. Muitos autônomos e donos de pequenos negócios atingem um certo sucesso e então param de crescer. A curva de crescimento se transforma em um platô ou o negócio começa a morrer. O negócio atinge determinadas dimensões e então

Capítulo 2

para de crescer. Aqui também chega uma hora que o empresário tem que se arriscar a fracassar antes que o negócio possa retomar o crescimento.

O medo de fracassar é a grande razão para muita gente não ter sucesso na vida ou não ser tão bem-sucedida o quanto gostaria. Isso acontece não só nos negócios como também em todos os aspectos da vida. Lembro-me de nunca sair com garotas quando estava no ginásio porque tinha muito medo de ser rejeitado. Finalmente, pouco antes do dia da formatura, convidei uma linda colega para ir comigo ao baile e, para minha surpresa, ela aceitou. Sentimo-nos sem graça um com o outro a noite toda, mas pelo menos eu estava progredindo.

Outra Diferença entre Empregados e Empresários

Recentemente fui chamado de "imprudente" pelo jornalista durante uma entrevista. Em resposta, contestei: "Neste mundo em constante mudança, os audaciosos são os que não assumem riscos. Quem não se arrisca fica para trás."

O programa durava meia hora e a radialista entrevistava regularmente pessoas que exerciam diferentes atividades. O nome do programa poderia muito bem ser *O segredo do meu sucesso*. Quando a entrevistadora perguntou qual era meu segredo, contei como havia sido meu primeiro fracasso nos negócios, quando eu tinha nove anos de idade, e como esse fracasso havia levado meu segundo empreendimento ao sucesso. Para encerrar, disse: "Percebi que fracassar era o caminho que me levaria ao sucesso."

"Você percebeu isso aos nove anos?", perguntou a entrevistadora.

"Isso", respondi. "Como a maioria das pessoas, não gosto de fracassar. Eu o detesto. Mas esse primeiro fracasso me deu uma rápida visão do futuro. Percebi qual era o processo que me levaria ao sucesso. Algumas pessoas vão em frente sabendo todas as respostas. Essas pessoas geralmente foram bons alunos. Meu processo não é esse. Eu vou em frente fracassando. Foi por isso que montei tantos negócios diferentes. A maioria destes fracassou, mas os que deram certo se transformaram em grandes sucessos, como a *Rich Dad*, minha imobiliária e os negócios de mineração de ouro e prata que ajudei a fundar. Além disso, não ganhei lá grande coisa no começo da carreira de empreendedor; mais tarde, entretanto, passei a ganhar mais dinheiro do que a maioria das pessoas."

"Então o segredo de seu sucesso nos negócios é estar disposto a cometer erros e aprender com eles."

Empreendedor Rico

"Sim. Essa é a minha tarefa como empreendedor. Minha tarefa é estabelecer novas metas, elaborar um plano, cometer erros e me arriscar ao fracasso. Quanto mais erros cometo, mais esperto vou ficando e, eventualmente, o negócio cresce e prospera a partir das lições aprendidas."

"Eu seria demitida, se cometesse erros demais", retrucou a jornalista. "Para mim, cometer erros e falhar é fracassar. Faço todo o possível para não errar. Detesto errar. Detesto me sentir uma idiota. Eu tenho que saber as respostas. Sinto que é importante fazer tudo do jeito certo, do jeito que a emissora me manda fazer."

"É por isso que você é uma boa empregada", comentei delicadamente. "Os empregados são contratados para não cometer erros. Sua tarefa é seguir as regras e fazer o que lhe mandam; executar bem seu trabalho. Se quisessem fazer as coisas do jeito deles ou não respeitassem as regras, os empregados seriam todos demitidos, já que não estariam fazendo o trabalho para o qual foram contratados."

"Então minha tarefa, como empregada, é não correr riscos e sua tarefa, como empreendedor, é assumi-los, cometer erros e fracassar de vez em quando? É isso que está dizendo?"

"Sim", respondi. "Essa é a diferença fundamental entre um empreendedor e um empregado."

"Então você se arrisca. É isso que você faz como empreendedor?"

"Não, não exatamente", respondi, rindo por dentro. "Não assumo aleatoriamente qualquer risco que me aparece. Antes de tudo, tive que aprender a ciência de cometer erros e aprender com eles. Em seguida, tive que aprender a escolher os riscos que assumo. Quanto mais capacitado eu me tornar como empreendedor, mais corretamente irei avaliar os riscos calculados. Hoje em dia, encaro o fato de assumir riscos como parte de minha tarefa. Fracassar não é divertido, mas é necessário para o progresso."

"Então você gosta de fracassar?", perguntou minha interlocutora.

"Não, não, muito pelo contrário. Detesto o fracasso tanto quanto qualquer um. A diferença é que eu sei que os fracassos fazem parte do processo que me levou ao sucesso nos negócios. No momento em que fracasso em alguma coisa, sei que estou na iminência de aprender algo. E é nesse momento que emerge o novo eu."

"O novo você?", riu a jornalista. "Que embromação é essa?"

"Olhe", respondi pausadamente, "todo mundo já teve essa experiência do novo eu. Quando ainda éramos bebês e não conseguíamos andar, ficávamos em pé e caíamos. Um belo dia, paramos de cair e começamos a andar. Nesse momento, deixamos de ser bebês e passam a nos chamar de crianças. Quando aprendemos a diri-

Capítulo 2

gir, tornamo-nos jovens adultos. A cada vez que aprendemos uma nova habilidade, surge uma nova pessoa e nosso mundo muda. É a isso que me refiro quando falo em um novo você ou um novo eu. Tornamo-nos novos porque adquirimos novas habilidades e ficamos mais capacitados a enfrentar um novo mundo."

"Então existe um mundo de diferenças entre um empregado e um empreendedor?", perguntou sarcasticamente minha anfitriã.

"Ah, não, absolutamente", respondi, esforçando-me para não ser envolvido pelo ceticismo de minha interlocutora. "Vivemos em mundos diferentes porque somos pessoas muito diferentes. Um vive em um mundo em que os riscos proliferam. O outro, em um mundo em que se evita correr riscos. Mundos diferentes, pessoas diferentes."

Fez-se um silêncio momentâneo. Minha anfitriã parecia estar reorganizando seu raciocínio. Finalmente, perguntou: "Então é por isso que tantos empregados não dão certo como empreendedores?"

"Esse é um dos motivos, mas não é o único", respondi, calmamente.

"Não é fácil passar de um mundo em que se evita errar para um mundo de erros cometidos quase que de propósito."

"Mas você faz isso parecer fácil", disse a jornalista. "Você parece indiferente em relação ao fracasso."

"Eu nunca afirmei que seja fácil, mas vai ficando cada vez mais fácil", respondi. "Olhe, a questão é que o empreendedor tem muito a aprender e precisa aprender depressa. Não existe nada semelhante a um salário garantido no fim do mês para o empreendedor. Ele tem que cometer erros e corrigi-los rapidamente. Se ele evitar os erros ou fingir para si mesmo que não os cometeu, ou jogar a culpa sobre outras pessoas, o processo de aprendizado irá derrotá-lo e o negócio acabará fracassando."

"Você tem que aprender rápido porque está construindo alguma coisa a partir do nada", complementou minha anfitriã. "Não há nada em que possa se basear."

"Especialmente no começo de sua evolução como empreendedor. No entanto, você poderá ir do nada para alguma coisa, à medida que for melhorando. Um dos maiores prazeres de ser empreendedor é a capacidade de pegar uma ideia e transformá-la em um negócio de sucesso em um curto espaço de tempo. Séculos atrás, os alquimistas tentavam transformar chumbo em ouro. A tarefa do empreendedor é transformar uma ideia em ouro."

"É quase como dinheiro que cai do céu", comentou a entrevistadora.

"Quase", falei. "Se conseguir fazer isso, você nunca precisará de um emprego. Você poderá se mudar para praticamente qualquer lugar do mundo e ficar rico. Eu faço negócios em mais de oitenta países. Um dos meus negócios de mineração fica na China e o outro, na América do Sul. O âmbito de atuação de um empregado ou autônomo limita-se frequentemente a uma cidade, um estado ou um país."

"Portanto, são mundos diferentes", admitiu.

"Sim", respondi. "Esse é o mundo do empreendedor. Se você for um bom empreendedor, poderá viajar e fazer negócios no mundo todo. A maioria dos empregados tem que solicitar algo como um *green card* antes de poder trabalhar em outro país. O empreendedor pode entrar em quase qualquer país como se este fosse uma corporação ou então formar uma joint venture com alguma empresa local. Treinar para ser um empreendedor significa desenvolver seu potencial de acesso a um mundo de riquezas praticamente ilimitadas."

"E para fazer isso você tem que transformar seus fracassos em sucessos."

"Certo", respondi.

"E se você fracassar e perder dinheiro?", perguntou ela.

"Isso é apenas parte do jogo. Não conheço muitos empreendedores que nunca tenham perdido dinheiro."

"Mas o empregado que perde o dinheiro do negócio é demitido", disse a entrevistadora incisivamente.

"É, isso acontece em muitos negócios", respondi, calmamente. "Meu argumento é que é o medo de perder dinheiro que faz muita gente perdê-lo. As pessoas têm tanto medo que acabam perdendo mesmo. Contentam-se com os salários garantidos. Talvez não percam muito dinheiro na vida, mas perdem a possibilidade de uma grande riqueza."

A Verdade durante o Intervalo para os Comerciais

"Tenho que fazer uma pausa para os comerciais", disse minha anfitriã desligando o microfone do pequeno estúdio. O sonoplasta assumiu o controle e começou a transmitir os comerciais dos patrocinadores.

"Faz anos que eu quero largar este emprego", disse minha anfitriã, sentindo-se segura na saleta à prova de som e sem que o mundo nos ouvisse.

"Mas você ganha um salário bom demais para pedir demissão", falei completando o raciocínio.

Ela acenou com a cabeça e disse: "É, é isso. Não ganho nenhuma fortuna, mas eles me pagam o suficiente para que eu não saia e vá trabalhar em outro lugar. Eu preciso do salário. Meu marido e eu ganhamos bastante bem, mas, com quatro filhos na universidade, não há nenhum jeito de fazermos o que você propõe."

Capítulo 2

Embora não concordasse com esse ponto de vista, eu disse que certamente sabia como se sentia.

"Então, o que me aconselharia? Como eu poderia escapar disso? Preciso do salário. Preciso deste emprego, embora não ganhe muito. Sinto-me aprisionada em uma sala cujas paredes estão se fechando sobre mim. O que eu poderia fazer?"

Depois de uma pausa para reorganizar meus pensamentos, perguntei: "Você se lembra do exemplo do bebê aprendendo a andar?"

"Sim, eu me lembro", disse ela. "E assim que conseguem andar, os bebês se transformam em crianças. E quando aprendem a dirigir, as crianças se transformam em jovens adultos."

"É assim que aprendemos tudo na vida. A partir da vontade de mudar e conseguir algo melhor. Talvez tenha havido uma época em que você gostava deste trabalho, mas agora sabe que chegou a hora de mudar, é hora de ir em frente; exatamente como o bebê percebeu de alguma forma que era hora de parar de engatinhar e mudar. Em algum momento mágico, o bebê soube que havia chegado a hora de fazer algo diferente. E ele começou se agarrando a alguma coisa, como a perna do pai ou uma perna de mesa. Os bebês cambaleiam quando estão aprendendo a fechar a lacuna entre engatinhar e andar. Fazem isso vezes sem conta e, então, um belo dia, ficam em pé e caem. Meu bebê fracassou, mas, em vez de desistir, que é o que muitos adultos fazem, ele repetiu e voltou a repetir o processo. De repente, a mente, o corpo e a alma do bebê entraram em alinhamento e ele conseguiu ficar em pé. E, logo em seguida, aprendeu a andar e se transformou em criança."

"Aí vieram as bicicletas e, depois, os automóveis", falou. "Os bebês se transformam em crianças e as crianças se tornam adultos."

Concluí o raciocínio: "Sim, e os empreendedores passam por um processo semelhante. Comigo aconteceu aos nove anos: fracassei e tive sucesso com essa idade. Você poderá fazer o mesmo se estiver disposta a correr o risco de atravessar seu processo de aprendizado."

"Você tem confiança em sua capacidade como empreendedor?", perguntou minha interlocutora.

"Na verdade, não tenho. Tenho confiança em minha habilidade de cometer erros, corrigi-los e melhorar meus negócios. Sou hoje um empreendedor melhor e planejo continuar melhorando, mas nunca terei absoluta confiança em minhas habilidades de empreendedor porque não me contento com minhas vitórias ou sucessos anteriores. Coloco-me constantemente em situações que ultrapassam minhas habilidades. Estou sempre no limite, experimentando e me pondo à prova. É dessa forma que continuarei melhorando."

"E é por isso que você inicia novos empreendimentos, mesmo que tenha fracassado?", perguntou ela.

"Inicio novos empreendimentos mesmo que tenha sido bem-sucedido. É por essa razão que tenho tantos negócios que funcionam sem a minha presença. Este é meu segredo para se chegar à riqueza. A maioria dos empregados tem um emprego. Como empreendedor, eu tenho múltiplos negócios."

"E essa é a razão para você não querer ser autônomo ou dirigir o negócio."

"Sim, e é por isso que me sinto grato por ter fracassado aos nove anos. Aprendi como iniciar empreendimentos que funcionam sem mim. Escrevi sobre isso em *Pai Rico, Pai Pobre*."

"Sim, eu me lembro", disse ela. "Eu só não percebi o significado daqueles empreendimentos. Não percebi que aqueles pequenos negócios haviam impactado tanto sua vida."

Concordando com ela, disse: "Descobri minha estratégia para a vida aos nove anos de idade."

O sonoplasta avisou então que o intervalo comercial havia terminado e que era hora de reiniciarmos a entrevista. Minha anfitriã ligou o microfone e disse: "Só temos mais alguns minutos, portanto concluiremos o assunto. Você estava me dizendo que a tarefa de um empreendedor é cometer erros e a tarefa do empregado é evitá-los. É esta a mensagem?"

"Sim, é. Pelo menos do jeito que entendo as coisas. Se eu não estiver assumindo riscos calculados, cometendo erros e expandindo o negócio, é melhor sair dele. Se meus empregados cometerem erros demais, pode ser que eu tenha que mandá-los embora. É por isso que contrato empregados espertos, que detestam cometer erros. Eles fazem seu trabalho. Eu faço o meu."

"E essa é a razão por que dizemos aos nossos filhos: 'Estude para conseguir um bom emprego'", disse minha interlocutora. "As escolas preparam nossos filhos para ser empregados."

"Sim", completei. "Quem foi bom aluno provavelmente se dará bem no mundo corporativo ou no governo."

"Você gostava de estudar?", perguntou a jornalista.

"Na verdade, não", respondi. "Eu não me saía lá muito bem porque cometia muitos erros. Minhas notas eram C, D e, em algumas ocasiões, F. Imaginei então que, já que eu era mestre em cometer erros, poderia muito bem me tornar um especialista em errar. Por isso que sou empreendedor e não empregado. Não sou bom

Capítulo 2

para estudar. Ninguém me daria um emprego altamente remunerado. Não gosto de cumprir ordens e, por isso, provavelmente nunca seria promovido. Eu gosto de mudar as coisas e fazê-las do meu jeito em vez de fazer o que me mandam."

"Você nunca conseguiria um emprego nesta emissora", disse a moça.

"Talvez não conseguisse, mas sei como comprar esta emissora e contratar gente mais esperta do que eu para dirigi-la", acrescentei, em tom de piada.

"Muito bem, temos que encerrar", falou. "Você tem mais exemplos que ilustrem que cometer erros e fracassar é essencial para um empreendedor? Há mais alguém, outro exemplo além de você mesmo, que possa confirmar esse ponto de vista?"

"Claro", respondi. "Thomas Edison foi expulso da escola porque os professores reclamavam que ele era avoado ou dispersivo. Mais tarde, foi criticado por ter fracassado mais de mil vezes antes de inventar a lâmpada elétrica. Quando lhe perguntaram como se sentia por isso, respondeu algo como: 'Fracassei mais de mil vezes. Acredito que foram 1.014 tentativas antes que eu finalmente acertasse. Você precisa de pelo menos mil falhas até se qualificar para inventar a lâmpada elétrica.'"

"O que ele quis dizer com isso?", perguntou minha anfitriã.

"Significa que, se você ou eu quiséssemos inventar a lâmpada elétrica, em vez de comprar uma no supermercado, teríamos que fracassar pelo menos mil vezes antes que soubéssemos como fazê-la."

"Então ele foi chamado de dispersivo, na escola, e fracassou mais de mil vezes antes de inventar a lâmpada elétrica", disse minha interlocutora.

"Isso significa que ele era um inventor. Como foi que isso o transformou em empreendedor?"

"Sabe qual a empresa que ele fundou?", perguntei.

"Não, não sei."

"Foi a General Electric, uma das empresas mais poderosas do mundo. Originalmente se chamava Edison General Electric, um dos doze membros originais do Índice Industrial Dow Jones. Dessas doze empresas originais, a General Electric foi a única que sobreviveu. Nada mau para um sujeito dispersivo e avoado que fracassava muito."

A entrevista estava encerrada.

Aprenda com Seus Erros

Meu pai rico acreditava em aprender com os próprios erros. Ele não os encarava como algo ruim, simplesmente como oportunidades para aprender alguma coisa sobre os negócios e você mesmo. E dizia: "Os erros são como placas de 'Pare'. Eles dizem: 'Calma, pare aí… espere um pouco… tem alguma coisa que você não sabe… É hora de parar e pensar.'" Também dizia: "Um erro é um sinal de que chegou a hora de aprender alguma coisa nova, algo que você ainda não sabe." Seguindo essa linha de raciocínio, ele acrescentava: "Há pessoas preguiçosas demais para pensar. Em vez de aprenderem algo novo, pensam nas mesmas coisas dia e noite. Pensar é um trabalho árduo. Você expande sua capacidade mental quando é obrigado a pensar, e, ao expandi-la, sua riqueza aumenta."

"Pare, portanto, ao cometer um erro e aproveite a oportunidade para aprender alguma coisa nova, algo que você evidentemente ainda não sabe. Pare para pensar quando alguma coisa não sair do jeito que você quer ou você cometer um erro. Depois que descobrir a lição oculta, será grato pelo erro. Se ficar abalado, zangado, envergonhado, culpar outra pessoa ou fingir que não errou, significa que você não pensou o suficiente. Sua capacidade mental não se expandiu o bastante. Você não aprendeu a lição. Nesse caso, continue pensando."

A Filosofia do Pai Pobre sobre os Erros

Como professor, meu pai pobre tinha um ponto de vista diferente sobre os erros. Ele também acreditava que os erros indicam que você desconhece alguma coisa, mas, para ele, cometê-los significava estupidez ou inaptidão. Quando cometia um erro, meu pai pobre fingia que não havia errado, negava ou atribuía a culpa a outra pessoa. Ele não encarava os erros como oportunidades para aprender e expandir a capacidade intelectual e fazia o melhor que podia para evitá-los. Ele não os encarava como algo bom, como meu pai rico fazia.

Transforme o Azar em Sorte

Aprender a transformar o azar em sorte é a segunda lição do pai rico sobre as diferenças que percebi entre ele e meu pai pobre no que se referia a cometer erros. Na minha opinião, é a filosofia de cada pessoa, sobre a questão dos erros, que determina se ela terá ou não sucesso na vida.

O Primeiro Grande Fracasso do Meu Pai Pobre

Já contei em outros livros como voltei da guerra do Vietnã e tive que escolher quais passos seguir. Tinha mais ou menos 25 anos e meus dois pais haviam acabado

Capítulo 2

de entrar na casa dos cinquenta. Meu pai pobre havia acabado de perder a indicação como candidato republicano ao cargo de vice-governador do Estado do Havaí. Já que ele postulara a candidatura contra a vontade do seu chefe, o governador do estado, foi informado de que nunca mais trabalharia para o governo estadual. Assim, lá estava ele, desempregado aos cinquenta anos.

O problema era que tudo que ele conhecia era o mundo do ensino. Havia ingressado nele aos cinco anos e só saiu aos cinquenta. Foi quando ele sacou seu fundo de pensão e ingressou relutantemente no mundo dos negócios, comprando uma franquia de uma famosa marca de sorvetes. Ele comprou essa franquia famosa, porque achava que era um negócio que não falharia. A franquia faliu em menos de dois anos e meu pai ficou novamente sem trabalho e, dessa vez, sem dinheiro.

Recriminar em vez de Aprender

Meu pai pobre ficou zangado, deprimido, abalado e culpou tanto o franqueador quanto seus sócios pela falência do negócio e perda do dinheiro. Foi nessa época que entendi por que meu pai rico havia enfatizado a importância de parar, pensar, aprender e corrigir-se a partir dos erros. Era óbvio que o estado mental e emocional de meu pobre pai evidenciava que ele havia ignorado muitos sinais de "Pare" e estava recriminando e não aprendendo. Ele continuava pensando a partir do ponto de vista de um empregado e não de um empreendedor.

Meu pai percebeu que enfrentava dificuldades pouco meses depois de abrir sua sorveteria. Assim que os amigos deixaram de aparecer para tomar sorvete, a loja ficou praticamente vazia. Ele ficava sentado lá horas a fio, sozinho, sem ao menos um cliente. Em vez de parar por um momento, pensar e pedir conselhos, ele despediu seus empregados para reduzir as despesas, trabalhou mais, brigou com seus sócios e depois gastou o dinheiro que lhe restava contratando um advogado e processando o franqueador. Dito de outra forma, ele usou seu dinheiro para atribuir seus problemas ao franqueador. Sem dinheiro, o negócio acabou fechando. Para mim, ficou evidente que meu verdadeiro pai havia transformado o azar em mais azar ainda. Em vez de parar, aprender e se corrigir, não conseguia admitir que talvez estivesse cometendo erros. Em vez de melhorar as coisas, ele as tornou ainda piores.

Com a perda da indicação como candidato a vice-governador e do seu primeiro e único negócio, ele continuou zangado e derrotado até morrer, quase vinte anos mais tarde. É por isso que esta lição sobre erros, má sorte e ser o tonto dos tontos, mas mesmo assim ficar cada vez mais rico, é tão importante para mim.

Mostre-me um Perdedor Feliz

Certa vez, ouvi Vince Lombardi, o famoso treinador dos Green Bay Packers, dizer: "Mostrem-me um perdedor feliz e eu lhes mostrarei um perdedor." Ao longo desses anos todos, analisei mais profundamente os múltiplos significados dessa frase. Superficialmente falando, as palavras de Vince Lombardi parecem dizer que as pessoas que aceitam perder de alma leve são perdedores natos.

Muitas vezes na vida fui um perdedor desse tipo e dizia coisas como: "Ah, não importa. Ganhar não é tão importante assim. O que importa é a maneira como se joga." Posso parecer indiferente ou até feliz quando perco; mas lá no fundo, detesto perder. Em outras palavras, estou mentindo para eu mesmo quando finjo que não há nada de errado em perder. Quanto mais penso na frase de Lombardi, mais significados me ocorrem.

Outras coisas que ele possivelmente quis dizer são:

- Ninguém gosta de perder. Não é algo que se aguarde ansiosamente.
- Perder deve inspirar a vitória.
- Algumas pessoas evitam a perda a qualquer preço, porque ela é lancinante.

Na minha opinião, foi o terceiro significado que levou meu pai ao fracasso. Ele vivera anos a fio em um mundo em que perdas, erros e fracassos deviam ser evitados a todo custo. Como empregado, ele estava acostumado e gostava dos salários e benefícios garantidos. Para muitos trabalhadores, como meu pai pobre, a segurança é muito mais importante do que a oportunidade. É por essa razão que muitos empregados têm como filosofia evitar erros a todo custo. Uma das razões do fracasso do meu pai pobre foi simplesmente evitar errar durante tempo demais.

Aprendizado em Alta Velocidade

Em março de 2005, minha mulher, Kim, e eu nos inscrevemos na escola de pilotagem de alta performance de Bob Bondurant, localizada em Phoenix, no Arizona. Não pergunte por que fizemos isso, mas o fato é que a coisa simplesmente parecia divertida e excitante. Não somos pilotos profissionais e não temos a mínima intenção de vir a ser.

Sempre gostei de filmes sobre corridas de Fórmula 1 e Fórmula Indy. Tinha inveja de Paul Newman e do seu passatempo. Desde meu primeiro automóvel, um Datsun 2000, 1969, sempre tive carros de alto desempenho. Depois do Datsun, tive um Corvette, vários Porsches e uma Ferrari. Meu problema sempre foi que os carros

Capítulo 2

tinham mais potência do que eu tinha jeito para eles. Esse problema foi um dos motivos para que eu e Kim, que também tem um Porsche, decidíssemos de uma vez por todas aprender a dirigir carros de corrida em uma pista de corrida de verdade.

Percebemos que havíamos cometido um erro desde o primeiro dia de aula. A escola ministra dois cursos. Um deles é direção de alto desempenho. Era nesse curso que deveríamos ter nos inscrito. A classe era constituída por gente como você e eu, que simplesmente quer aprender a dirigir carros normais em alta velocidade.

O segundo curso no qual nos inscrevemos se chamava direção de carros de Grand Prix, os alunos eram corredores profissionais e amadores, com anos de experiência em provas automobilísticas. Kim e eu só percebemos que estávamos no curso errado quando notamos que o pessoal do outro curso iria dirigir potentes Cadillacs, ao passo que nós dirigiríamos Corvettes de alto desempenho. Passou-nos pela cabeça pedir para mudar de curso, mas achamos que a convivência com profissionais seria uma excelente maneira de aprender a dirigir em maior velocidade. Porém, entrei em pânico assim que decidimos continuar no mesmo curso. Eu sabia que estava em vias de enfrentar boa parte do que mais temia. Kim sentia a mesma coisa.

Meu pânico piorou na manhã do segundo dia. Meu raciocínio lógico se debatia em busca de uma forma de desistir com elegância. Durante a primeira aula teórica, meu instrutor disse, calmamente: "Você está dirigindo devagar demais. Tem que dirigir muito mais rápido." Naquele momento quase desisti e teria mesmo desistido se o instrutor não tivesse dito em seguida: "Sua mulher está correspondendo às expectativas. Está dirigindo muito mais rápido que você." O orgulho masculino surgiu imediatamente; a lógica desapareceu pela janela e eu não tive escolha. Se Kim estava dirigindo mais rápido, eu tinha que ir em frente.

Como um adendo, Kim era a única mulher no nosso grupo de doze pessoas e estava muito entusiasmada com a possibilidade de superar os homens.

Expulsando o Medo

O nó no meu estômago continuou piorando durante três dias, conforme a velocidade aumentava, as curvas iam aparecendo mais rapidamente e minha cabeça ficava sobrecarregada com tudo que tinha que aprender e fazer em alta velocidade. Durante o almoço do terceiro dia, perguntei finalmente ao instrutor por que ele continuava insistindo que eu tinha que dirigir mais rápido. Afinal de contas, eu queria mais era dirigir lentamente até aprender a lição, antes de aumentar a velocidade. Ele sorriu e disse: "Eu quero que você dirija rápido porque a velocidade irá consumir seu medo. É o medo que o atrapalha. Você sente medo e alivia o pé no acelerador. O medo ainda está dirigindo seu carro. É por isso que eu quero que pise fundo quando sentir medo."

Mais uma vez quis desistir. Estavam me dizendo novamente que eu não dirigia suficientemente rápido. Eu continuava achando que o jeito de aprender era praticar a baixa e não a alta velocidade. "Olhe", disse o instrutor, "você tem que se convencer de que existe um piloto de Fórmula 1 em você. Se não aumentar a velocidade, você nunca conhecerá o piloto que existe em você. Quero que se esforce e vá fundo no acelerador, de modo que seu piloto interior assuma. Se eu deixar que você dirija lentamente, o covarde que também existe em você continuará dirigindo o carro. Só há um jeito de revelar o piloto profissional e é pisar fundo no acelerador. No momento em que meter o pé na tábua, esse piloto assumirá o controle."

No quarto dia, o nó no estômago estava mais apertado ainda e passavam-me pela cabeça todas as razões possíveis para eu não terminar o curso. Era no quarto dia que os alunos paravam de pilotar Corvettes e passavam para os carros de Fórmula 1. Nesse dia, a escola nos entregou macacões e capacetes vermelhos. Como estava acima do peso, tive dificuldade para me enfiar no carro. Sentia-me como se estivesse entrando em um caixão. Não conseguia me mexer dentro do carro. O covarde que há em mim quase assumiu o controle de novo. Eu queria desistir. Ouvia uma voz dentro de mim que dizia: "Você não precisa fazer isso. Não tem que provar nada a ninguém. Você nunca será piloto de corrida. Por que está fazendo isso? É loucura."

Menos de uma hora mais tarde, eu estava mais feliz do que me sentia havia anos. Passei a me sentir à vontade com o carro. Os três dias de aulas, medo e frustração sumiram e lá estava eu dirigindo o carro afundando o pé no acelerador. Em vez de medo, eu sentia uma sensação de exaltação. O piloto que havia em mim afastou o covarde e assumiu o controle do carro.

Quando saímos da escola no fim do dia, enlevados, como se tivéssemos tido uma visão celestial, um dos alunos do curso de direção de alto desempenho aproximou-se de nós e disse: "Adorei o curso, mas o que eu queria era ter feito o que fizeram."

Agradeci e retruquei: "Isso é engraçado porque até uma hora atrás eu queria mesmo era estar no seu grupo."

Capítulo 2

Dois Mundos Diferentes

O motivo de eu mencionar a escola de pilotagem não é me gabar da minha nova técnica de dirigir automóveis. Menciono-a porque o curso de pilotagem foi um processo muito semelhante àquele do empregado que se transforma em empreendedor, o processo de passar de um mundo para outro.

Uma das primeiras lições que aprendi foi que, nas ruas e rodovias, devo fazer o oposto do que tenho que fazer em uma pista de corrida. Na estrada, por exemplo, a maioria das pessoas pisa no freio quando percebe uma colisão bem à frente. Na escola de pilotagem, ensinaram-nos a pisar no acelerador.

No mundo real, nas ruas e estradas, a maioria das pessoas pisa no freio quando o carro começa a derrapar. Na escola de pilotagem, aprendemos quando pisar no freio e no acelerador. Em outras palavras, há duas formas diferentes de reagir às derrapagens. E podem acreditar em mim, pisar no freio é fácil, mas pisar no acelerador, durante uma derrapagem, foi difícil porque contrariava tudo que sei em matéria de direção. Para fazer isso, tive que aumentar minhas capacidades física e mental. No mundo normal, exige-se das pessoas que não ultrapassem os limites de velocidade. Na escola de pilotagem, fomos ensinados a pisar fundo e ultrapassar nossos limites de velocidade pessoais. A velocidade e o medo sem dúvida aumentaram minha capacidade.

Um Grande Currículo

Os quatro dias que passei na High-Performance Racing School de Bob Bondurant foram os dias da curva de aprendizado mais inclinada que já atravessei na vida. As curvas de aprendizado na escola de pilotagem foram ainda mais inclinadas do que as curvas que atravessei na Navy Flight School. Ficou evidente que, além de grande piloto, Bob Bondurant é um excelente professor. Como professor, e apesar de apavorado durante a maior parte do tempo, pude avaliar a metodologia de ensino de Bob. Fiquei impressionado com o currículo teórico e prático. Durante quatro dias, Bob e seus instrutores nos obrigaram a enfrentar nossos temores e limitações físicas e mentais com elevado nível de segurança. Uma vez na pista, não me preocupei muito com minha integridade física. O que mais me preocupava era ser ultrapassado por Kim, o que aconteceu em várias ocasiões. Fisicamente eu estava bem, mas meu ego ficava gravemente abalado a cada vez que o carro da minha mulher passava pelo meu.

O Processo Empreendedor

O processo de evolução de motorista convencional para piloto de competição exigiu que eu esquecesse muita coisa. Em outras palavras, as coisas certas na rua ou em uma estrada podem matá-lo em uma pista de corrida. Além disso, as coisas inteligentes que se faz no trânsito, como reduzir a velocidade, são estúpidas em uma pista de corrida. Acontece o mesmo com a evolução do empregado para empreendedor. São dois mundos diferentes e o que é certo em um é errado no outro.

A razão para eu contar a história de transição do mundo do serviço público para o mundo do empreendedorismo do meu pai pobre foi a necessidade de ilustrar esse ponto — o que ele fazia de certo no serviço público era errado no mundo dos negócios.

Uma vez que o empreendedor iniciante cria algo a partir do nada, é evidente que ele irá cometer erros. Se quiser ter sucesso, o empreendedor novato terá que se esforçar para atravessar as seguintes etapas o mais rapidamente possível:

1. Começar o negócio.
2. Errar e aprender.
3. Encontrar um mentor.
4. Errar e aprender.
5. Estudar.
6. Continuar errando e aprendendo.
7. Parar quando tiver sucesso.
8. Celebrar.
9. Calcular o dinheiro e avaliar ganhos e perdas.
10. Repetir o processo.

A Temível Doença

Calculo que 90% dos aspirantes a empreendedores nem chegam sequer à primeira etapa do processo. Talvez tenham um plano e podem até ter criado o negócio perfeito na cabeça ou no papel, mas acabam contagiados pela temível doença conhecida como paralisia analítica. Vi muitos aspirantes a empreendedor fazerem e refazerem seus planos em vez de irem em frente. Quando não é isso, eles acabam encontrando alguma desculpa para achar que o momento ou o plano não são cor-

Capítulo 2

retos. Em vez de começar a agir e fracassar, eles trabalham arduamente para não fracassar e entram no clima da paralisia analítica.

É impossível tornar-se empreendedor sem começar um empreendimento. Seria como tentar aprender a andar de bicicleta sem bicicleta ou como se eu tentasse ser piloto de corrida sem um carro e uma pista de corrida. Meu pai rico afirmava: "A principal razão para se montar um negócio é ter um negócio para praticar. Como é que se aprende a andar de bicicleta se não temos uma? Como aprender a ser empreendedor, se não temos um negócio para praticar?"

Diferentes Escolas de Pensamento

O currículo da escola de pilotagem de Bob Bondurant não se concentra em agir de maneira rígida. Mas em levar o aluno a cometer erros a velocidades cada vez maiores. Nossa confiança foi aumentando à medida que aumentava nossa capacidade de errar e corrigir. No quarto dia do curso, eu já conseguia cometer um erro horroroso a alta velocidade, perder o controle do carro em uma curva, recuperar o controle, botar o carro de novo na pista, pisar fundo e continuar correndo. Se tivesse cometido esse erro no primeiro dia, provavelmente acabaria no hospital.

Menciono outra vez a escola de pilotagem porque esta espelha o contraste existente entre diferentes escolas de pensamento. Meu pai pobre formou-se na escola de pensamento que se concentra em evitar erros, por isso foi um bom empregado. Meu pai rico, naquela que incentiva a cometer erros, por isso era um bom empreendedor.

Debi e Loide

O título deste capítulo é *Debi e Loide Estão Ficando Cada Vez Mais Ricos*, em homenagem a Jim Carrey. Quem viu o filme deve ter notado que quanto mais néscio, mais rico fica. Vale o mesmo em relação ao empreendedorismo. Se for alguém que precisa sempre parecer certo, ter a razão, não cometer erros e ter sempre as respostas corretas, o melhor caminho talvez seja continuar como empregado ou transformar-se em autônomo.

Quando comecei a minha carreira, parecia o maior palerma da cidade. Meus negócios cresciam e desmoronavam. Não demorou nada para que minha fama como empreendedor, na comunidade empresarial de Honolulu, fosse motivo de riso. Se não fosse meu pai rico me orientar e incentivar a aprender com meus erros, indo em frente

Empreendedor Rico

e errando de novo, eu poderia muito bem ter abandonado o processo. Descobri que é difícil ser uma das personagens de Jim Carrey na vida real.

No entanto, à medida que os anos se passaram, os erros deixaram de ser tão penosos, apesar de se tornarem maiores, já que eu estava me transformando em um especialista em errar. Em vez de ignorar cinco ou seis sinais de "Pare", eu parava, pensava, corrigia e ampliava minha capacidade de empreendedor antes de seguir em frente. Hoje posso dizer honestamente que sou mais rico que muitos de meus contemporâneos, a maioria bons alunos ou com empregos altamente remunerados desde o começo, simplesmente porque estava disposto a me tornar cada vez mais néscio, anos a fio. Isso faz parte do preço que se paga para ter sucesso.

Transforme o Azar em Sorte

Pouco depois que entrei no Ensino Fundamental, meu pai rico ensinou seu filho e a mim a transformarmos o azar em sorte. Naquela época, tanto Mike quanto eu íamos muito mal na escola porque tirávamos péssimas notas em inglês. Nem eu nem ele éramos grandes escritores.

Em vez de ficar aborrecido conosco, o pai rico nos disse: "Deixem que essa deficiência escolar os torne mais fortes e não mais fracos. Se conseguirem transformar essa experiência ruim em uma experiência boa, vocês se colocarão bem à frente dos seus colegas que tiram boas notas."

"Mas nós ficamos com notas F nos boletins", reclamou Mike. "Essas notas ruins vão nos atrapalhar até a faculdade."

"É, as notas vão estar sempre lá; mas a lição que aprenderam também. Em longo prazo, essa lição de vida será muito mais importante do que as notas se vocês transformarem esse incidente ruim em algo bom."

Mike e eu estávamos realmente zangados com nosso professor de inglês. Estávamos deprimidos e nos sentíamos fracassados. O pai rico olhou atentamente para nós, esboçou um risinho e disse: "Seu professor está ganhando o jogo. Vocês estão perdendo porque agem como perdedores."

"O que podemos fazer?", perguntei. "É ele quem tem o poder. Já nos reprovou e a escola inteira ficou sabendo."

"Ele só tem o poder de reprová-los", sorriu o pai rico. "Vocês têm o poder de assumir sua raiva e fazer alguma coisa ainda mais estúpida, como esvaziar os pneus do carro dele, que desconfio que já lhes passou pela cabeça, ou então fazer algo bom, como

Capítulo 2

assumi-la e sair-se bem na escola, no futebol ou no surfe. Assumam sua raiva e transformem-na em algo grandioso. Então vocês vencerão. Se a assumirem e furarem os pneus do professor, estarão piorando a situação que já é ruim. E provavelmente serão presos se fizerem o que estão pensando em fazer."

O Poder das Emoções

O pai rico nos ensinou que os seres humanos têm quatro emoções básicas. São elas:

1. Alegria
2. Raiva
3. Medo
4. Amor

Ele explicou também que existem muitas outras emoções, mas essas são as fundamentais. Muitas das outras emoções são combinações de duas ou mais emoções básicas. A tristeza, por exemplo, é frequentemente uma combinação de raiva, medo e amor e, ocasionalmente, de alegria.

Em seguida, ele nos ensinou que cada emoção pode ser utilizada de duas maneiras básicas, para o bem ou para o mal. Posso me sentir, por exemplo, alegre e aproveitar essa alegria para sair e me embebedar, o que seria utilizar a emoção da alegria para uma finalidade ruim. Posso também aproveitar a emoção da alegria para mandar cartões de agradecimento a todas as pessoas que me ajudaram na vida. O mesmo é válido em relação a todas as emoções básicas, até mesmo o amor.

Ainda hoje não gosto daquele professor de inglês, mas sou grato por ele ter me reprovado. Se não fosse aquela nota F, não teria estudado mais para chegar à universidade e talvez nunca tivesse me tornado autor de best-sellers.

Em outras palavras, aquela nota F, quando eu tinha quinze anos, combinada a meu primeiro fracasso empresarial aos nove, tornou-me milionário. E o melhor de tudo foi que não aprendi apenas muitas lições sobre a vida e mim mesmo; aprendi também a transformar minha raiva em alegria e que ser cada vez mais idiota pode me tornar cada vez mais rico e mais feliz.

Esta é uma das formas de transformar o azar em sorte. Como dizia meu pai rico: "Se conseguir transformar o azar em sorte, você terá sorte em dobro e será duas vezes mais feliz no amor e na vida e em matéria de saúde e dinheiro."

LIÇÃO DO MUNDO REAL #3
Emprego e Trabalho São Coisas Diferentes

Capítulo 3

POR QUE TRABALHAR
DE GRAÇA?

A Diferença entre Emprego e Trabalho

"Vocês sabem qual é a diferença entre emprego e trabalho?", perguntou certo dia meu pai rico.

Desorientado, perguntei: "Mas não são a mesma coisa? Emprego não é a mesma coisa que trabalho?"

O pai rico sacudiu a cabeça e disse: "Se quiser ter sucesso, precisará saber essa diferença."

"Qual é a grande questão?", perguntou Mike encolhendo os ombros. Ele e eu sabíamos que viria uma lição, gostássemos ou não.

"O que seu pai sempre diz acerca de arranjar um emprego?", perguntou o pai rico.

Pensei um pouco e respondi: "Ele diz coisas como: 'Estude e seja um aluno aplicado para conseguir um bom emprego.'"

"E também diz: 'Faça a lição de casa para conseguir um bom emprego'?"

"Isso mesmo", respondi, "ele diz coisas assim."

"Então, qual é a diferença entre emprego e trabalho?", perguntou novamente meu pai rico.

"Não sei", respondi. "Para mim, é tudo trabalho."

"Ah, agora entendi o que o senhor está querendo dizer", interveio Mike. "Um emprego é uma coisa pela qual eu recebo. Mas não recebo nada por fazer a lição de casa. O trabalho é aquilo que eu faço para me preparar para arranjar um emprego."

O pai rico acenou com a cabeça. "É isso. Essa é a diferença entre trabalho e emprego. Você é remunerado em função do seu emprego, mas não recebe nada por ter feito a lição de casa." Virando-se para mim, perguntou: "Você ganha para limpar o quintal de sua casa? Sua mãe ganha para realizar as tarefas domésticas?"

Capítulo 3

"Não", respondi. "Não na minha família. Eu não ganho nem mesada."

"Você é pago para fazer a lição de casa?", perguntou o pai rico. "Seu pai lhe paga para que leia os livros que deve ler?"

"Não", respondi meio ironicamente. "O senhor está afirmando que são as lições de casa que me preparam para arranjar um emprego?"

"É exatamente o que estou dizendo." O pai rico sorriu e continuou: "Em matéria de dinheiro, quanto mais você fizer a lição de casa, mais dinheiro ganhará no seu emprego. As pessoas que não fazem a lição de casa ganham menos dinheiro, independentemente de serem empregados ou empreendedores."

Pensei bastante e finalmente disse: "Então é verdade que não conseguirei um emprego bem pago se não fizer minhas lições de casa?"

"Sim, eu diria que isso é uma verdade", disse o pai rico. "No mínimo, não chegará a ser um médico, contador ou advogado. Quando se é empregado, é difícil conseguir ser promovido e ganhar mais quando não se tem um diploma universitário ou alguma habilidade conseguida através do estudo."

"E se quisermos ser empreendedores, teremos que fazer um tipo diferente de lição de casa?", perguntei.

O pai rico acenou com a cabeça e disse: "E muitos empreendedores pedem demissão sem ter feito a lição de casa. É por isso que tantos pequenos negócios fracassam ou têm problemas financeiros."

"Então o senhor vai nos obrigar a fazer a lição de casa para nos tornarmos empreendedores."

"Exatamente", disse o pai rico. "E é por isso que não vou lhes pagar nada. Sua lição de casa será trabalhar de graça para mim. Muitos empregados não entendem o trabalho gratuito e esperam ser remunerados por qualquer coisa que façam. Essa é a falha deles. Continuam pensando como empregados. Querem sempre aquele salário garantido."

Muito Trabalho e Nenhum Emprego

"Em várias áreas pobres da cidade há muito trabalho e poucos empregos", continuou o pai rico.

Pensei um pouco e então repeti mais ou menos o que ele dissera. "Há muito trabalho, mas não há empregos?" Era uma afirmação confusa, ao menos para mim, e eu precisava pensar mais sobre o que ele havia dito.

"Por quê?", perguntou Mike.

Empreendedor Rico

"Bem, um dos motivos é que a escola nos condiciona a procurar emprego. Se não houver empregos, as pessoas ficarão sem trabalho, mesmo que haja muito trabalho a ser feito. Quando uma fábrica fecha ou se muda para outro país, normalmente deixa para trás inúmeros desempregados."

E continuou explicando: "Os empregados não encontram emprego e, portanto, não fazem nada. Um empreendedor, por outro lado, perceberá muitas oportunidades. Ele sabe que os empregos aparecerão se o trabalho for feito."

"Então quem ficou sem emprego precisa ser novamente treinado. Tem que fazer a lição de casa", acrescentei. "É esse o trabalho que precisa ser feito."

"Isso é apenas uma parte do trabalho", disse o pai rico. "Vejam, o que quero mostrar é que muitas pessoas confundem trabalho com emprego. Esperam ter o treinamento para o emprego gratuitamente. Mesmo quando têm empregos, muitos empregados esperam que seus empregadores ofereçam treinamento e paguem salários ao mesmo tempo."

"Eles querem que a empresa pague a instrução que recebem?", perguntei. Sendo ainda um adolescente que nunca havia trabalhado em uma grande empresa, a ideia de ser pago para ser treinado era estranha para mim.

"Muitas pessoas também esperam que o governo ofereça treinamento profissional gratuito", acrescentou o pai rico.

"E é por isso que o senhor diz que essas pessoas são pobres", disse Mike.

"O problema é mais do que financeiro; é uma questão de atitude inadequada em relação ao valor da instrução, do treinamento e da preparação para conquistar uma habilidade pela qual as pessoas pagarão."

O pai rico concordou: "Já vi empregados assistindo à aula de olho no relógio. Quando a campainha tocava, eles pulavam das carteiras e iam embora, mesmo que o instrutor ainda não tivesse terminado a aula. E também vi empregados que nem entravam na sala de aula, preferindo ficar fumando e fofocando, bebendo e vendo algum jogo pela televisão no bar perto da escola ou ainda namorando em vez de assistir às aulas por que o empregador estava lhes pagando. É por isso que muitos não progridem financeiramente. Não aprendem nada, apesar de estudarem de graça e até serem pagos para aprender. E isso é válido para empregados e empreendedores."

Como nasci em uma família de professores da rede pública, onde se acreditava na instrução gratuita, perguntei: "O senhor poderia explicar melhor a relação entre trabalho e empregos?"

Capítulo 3

Os Médicos Trabalham de Graça

"Claro", respondeu o pai rico. "Os médicos gastam dinheiro e tempo aprendendo a ser médicos antes de começar a receber por seus serviços. Essa é uma das razões pelas quais os médicos ganham mais do que a maioria das pessoas."

"Eles fazem a lição de casa antes de começar a receber", acrescentou Mike.

Os Atletas Profissionais Trabalham de Graça

"Sem dúvida que sim", disse o pai rico. "Mas não vamos nos esquecer dos grandes atletas, que ganham muito dinheiro. Não sei de nenhum atleta que tenha sido pago para treinar o esporte no qual se tornou excelente. A maioria dos atletas profissionais começa na juventude e treina muito mais e com mais empenho do que os amadores. A maioria deles treina durante anos, paga treinadores e treina longamente, bem antes de se profissionalizar. Os atletas profissionais tiveram que fazer a lição de casa antes de conseguir trabalhar como profissional."

"É por isso que o senhor não nos paga", falei, timidamente. "Trabalhamos de graça para o senhor."

O pai rico sorriu. "Até mesmo os Beatles trabalharam de graça antes de se tornarem mundialmente famosos e ricos. Como os médicos e atletas profissionais, também pagaram sua cota e fizeram a lição de casa. Não exigiram um contrato de gravação e salários garantidos, nem assistência médica gratuita, antes de começarem a ensaiar sua música."

"Comprei um monte de discos dos Beatles", disse Mike. "Ajudei a torná-los ricos."

"Eles é que se fizeram ricos", disse o pai rico. "Fazer a lição de casa refere-se a muito mais do que apenas ganhar dinheiro. Também tem a ver com a saúde. Muitas pessoas não são saudáveis porque não se exercitam."

"Não treinam", falei, "e, portanto, têm uma saúde pobre."

"Notaram a palavra *pobre*?", perguntou o pai rico. "Financeiramente pobre e de saúde. Pessoas preguiçosas e indisciplinadas são frequentemente as que têm pior saúde e pior sorte na vida."

"Então temos que fazer nossa lição de casa, se quisermos nos tornar empreendedores", resumi.

"É por isso que vocês vêm trabalhando de graça para mim durante todos esses anos. Estão fazendo a lição de casa para se tornarem empreendedores. Se eu estivesse treinando vocês para serem empregados, estaria pagando por hora."

Empreendedor Rico

"Então foi por essa razão que meu pai, que é professor da rede pública, ficou tão irritado quando o senhor me fez trabalhar de graça", acrescentei.

Acenando novamente com a cabeça, meu pai rico disse: "Seu pai raciocina como um empregado e, portanto, acha que eu devo lhe pagar um salário. Ele não admite que alguém trabalhe de graça e não compreende que você está recebendo um treinamento que não tem preço. É que este é o tipo de instrução que ele não valoriza. O treinamento que um aspirante a empreendedor precisa é diferente do treinamento de que os empregados precisam."

"E por isso ele acha que o senhor está nos trapaceando", acrescentei.

"Eu sei", sorriu o pai rico. "Olhe, daqui a muitos anos, você será muito mais rico devido ao que estou lhe ensinando. O que você está aprendendo vale muito mais que um pequeno salário."

Por que um Negócio Tem Dificuldades

Antes de pedir demissão, você tem que saber quantas tarefas constituem um negócio.

O pai rico dizia: "O fato de alguém ser um empregado de enorme sucesso — em vendas, digamos — não quer dizer que será bem-sucedido nos negócios. A razão para isso é que as vendas são apenas uma das muitas tarefas que precisam ser cumpridas."

E continuou: "Um negócio que enfrente dificuldades é um negócio em que uma ou mais tarefas não são cumpridas ou estão sendo mal desempenhadas. O empreendedor talvez esteja se matando de trabalhar, mas só consegue cumprir uma tarefa de cada vez. É por isso que muitos empreendedores autônomos enfrentam dificuldades ou acabam ficando esgotados. Por mais que se esforcem, não conseguem fazer tudo o que o negócio exige."

Os Componentes Básicos de um Negócio

O Triângulo D–I foi apresentado no livro *O Guia de Investimentos*, da série *Pai Rico*. As letras D e I referem-se aos quadrantes D (Dono de grandes negócios) e I (Investidor) do quadrante CASHFLOW.

Capítulo 3

A figura abaixo mostra o Triângulo D–I, como o pai rico nos apresentou.

O pai rico me disse: "Se você pretende ser empreendedor ou investidor, a compreensão plena do Triângulo D–I será fundamental para o sucesso." Quando era adolescente, eu não acreditava nem apreciava o respeito que o pai rico tinha pela importância do Triângulo D–I. Hoje, tenho o mesmo.

Um Produto Novo Excelente

As pessoas muitas vezes dizem: "Tive uma grande ideia para um produto novo." Como se pode ver no Triângulo D–I, o produto é apenas a ponta do iceberg.

Descrição de Componentes para um Negócio de Sucesso

Pode-se encarar os diferentes aspectos de um negócio como descrições de componentes. Para ser bem-sucedido, o negócio precisa de pessoas capacitadas preenchendo cada um deles. Começando pelo nível produto, pode-se observar a série de tarefas necessárias para colocá-lo no mercado. Em termos bastante simplificados, os níveis *Produto, Leis, Sistema, Comunicação e Fluxo de Caixa* são tecnicamente todos os componentes necessários para que o negócio funcione satisfatoriamente. Se um ou mais deles não forem cumpridos ou adequadamente desempenhados, o negócio enfrentará dificuldades e fracassará.

Quando a sorveteria do meu pai pobre começou a falir, não foi porque o sorvete não era bom; na verdade, era ótimo. Na minha opinião, a razão do fracasso do negócio foi o fato de o meu pai não ser muito bom em vendas ou marketing. Ele se comunicava excelentemente como orador, ainda assim não conseguiu entender o componente *comunicação*.

Aprofundando a lição proporcionada pela sorveteria fracassada do meu pai pobre, ele não percebeu que marketing e vendas são coisas que vão além da veiculação de anúncios ou da venda de uma segunda casquinha a um cliente. Os problemas começaram quando ele achou que a marca do sorvete era tudo de que precisava para ter sucesso. E aumentaram quando alugou uma loja barata em uma galeria mal localizada. A loja ficava em um canto escondido dessa galeria, o que significava nenhum tráfego, de pedestres ou veículos, pela porta da loja. Ninguém sabia onde ficava a sorveteria. E ele achava que a marca do sorvete era suficientemente conhecida para atrair clientes. A empresa do meu pai pobre começou a fracassar antes mesmo de existir.

Ele Quase Conseguiu

Em retrospecto, meu pai se saiu bem quando escolheu um bom produto. O trabalho legal referente à franquia também foi bem realizado. O sistema de fabricação dos sorvetes era excelente. O franqueador certificou-se de providenciar também um bom esquema de contabilidade e, sendo assim, as funções relativas a fluxo de caixa também eram cumpridas satisfatoriamente. Na verdade, não havia muito fluxo de caixa a ser controlado. Meu pai fez um bom trabalho ao cobrir quatro das cinco funções. Ele quase conseguiu.

Meu pai se deu mal em comunicação no Triângulo D–I. Ele não entendeu totalmente as peculiaridades de marketing e vendas. Quando as vendas não acontecem, todo o negócio fracassa. Em vez de interromper as perdas ao alugar imediatamente uma loja mais bem localizada, meu pai fez o que muitos fazem quando as vendas caem e o dinheiro escasseia. Demite empregados. Reduz a publicidade. Faz cortes em vez de investir mais dinheiro no negócio.

Dinheiro mesmo ele gastou com advogados, tentando atribuir seus problemas ao franqueador. Poucas coisas representam desperdício de dinheiro maior do que os processos judiciais. No entanto, é o que acontece quando as pessoas culpam outras em vez de aprender. Em vez de analisar suas próprias decisões e assumir responsabilidade por estas, meu pai pobre insistia que estava certo e faliu. Existe um poema que descreve as pessoas dispostas a morrer provando que estão certas.

É o seguinte:

> *Aqui jaz o cadáver de Justin Grey.*
> *Ele morreu defendendo seu direito de preferência.*
> *Ele tinha razão.*
> *Seu caso estava correto.*
> *Mas ele está tão morto quanto estaria se estivesse errado.*

Capítulo 3

Lembro-me desse poema toda vez que vejo pessoas usando a faixa de pedestres sem olhar para os lados, na esperança de que todos os veículos parem e deem passagem em uma rua de tráfego intenso. Penso nele a cada vez que conheço pessoas que fazem questão de estar certas e normalmente culpam outras quando as coisas não saem do jeito que esperam; pessoas que preferem discutir a prestar atenção; que sabem todas as respostas e que pensam que o mundo gira a seu redor. Repito esse poema para mim mesmo sempre que começo a me comportar como Justin Grey.

O Triângulo do Sucesso Financeiro

O Triângulo D–I refere-se a muito mais do que aos lados D e I do quadrante CASHFLOW. Observando o quadrante a seguir, você verá que existe um triângulo em cada um.

Se o empregado for, por exemplo, recepcionista, seu produto será atender bem ao telefone e esse será o produto do emprego. Na minha opinião, o recepcionista tem uma das tarefas mais importantes da empresa. Se desempenhar bem sua função, a empresa funcionará mais uniformemente. Se vender um produto ruim — sendo mal-educado ao telefone, por exemplo —, seu valor para a empresa diminuirá e ele terá que ser orientado, novamente treinado ou demitido. Tenho certeza de que você já se deparou com recepcionistas mal-educados.

O recepcionista tem, além disso, direitos legais. Se a empresa os violar, ele pode entrar com um processo judicial. Ele é um elemento essencial do sistema de negócio.

Em uma casa, o recepcionista pode ser o líder de um sistema conhecido como lar ou sistema familiar. Se a vida em casa for feliz, é provável que o recepcionista faça um trabalho melhor no escritório. Se os sistemas da casa estiverem se deteriorando — e, consequentemente, faltar água, acontecerem vazamentos e problemas com algum membro dessa família —, poderão afetar o sistema no trabalho.

Já que o recepcionista constitui um dos elos do sistema de comunicação de um negócio, se não tiver capacidade de comunicação, todos os sistemas de negócio sofrerão. Terá que ser novamente treinado ou, então, demitido. Se tiver formas de comunicação amáveis em casa, isso se refletirá em sua própria vida. Se a comunicação em sua casa for abusiva, isso poderá afetar muito seu desempenho profissional.

A gestão do fluxo de caixa doméstico é muito importante. Se esse recepcionista for perdulário, isso afetará não apenas sua vida em casa como também sua atitude no trabalho. A maior causa de brigas conjugais é o dinheiro. É triste, mas muitos divórcios são provocados por problemas existentes no fluxo de caixa da família.

A Lição de Casa do Empreendedor

Antes de se tornar um empreendedor rico, é preciso fazer sua lição de casa. Isso significa certificar-se de que os cinco componentes do Triângulo D–I serão cumpridos em seu novo negócio.

1. Produto
2. Lei
3. Sistema
4. Comunicação
5. Fluxo de Caixa

O cumprimento insatisfatório de apenas uma das cinco funções poderá ser suficiente para que o negócio enfrente dificuldades financeiras ou não cresça. Por isso, a lição do Capítulo 1 foi: um negócio de sucesso começa antes de existir.

Uma Lista Simples

Um negócio é muito mais complexo do que essa relação simplificada de cinco funções. Não obstante, a relação tem sido adequada ao longo dos anos. Utilizo-as como lista de conferência. Sempre que um negócio começar a enfrentar problemas, a lista poderá facilitar a análise e a identificação da área na qual o problema ou os problemas podem estar.

Capítulo 3

Tive uma Ideia para um Produto Novo

Sempre que alguém diz "Tive uma ideia para um produto novo", esta lista de conferência simples poderá ser utilizada para verificar o que realmente será necessário para lançá-lo no mercado. Na maioria das situações, os candidatos a empreendedor acabam desistindo das suas ideias porque não estão dispostos a fazer a lição de casa e não demoram a perceber que o produto novo é apenas a ponta do iceberg, isto é, a ponta do Triângulo D–I.

Por que os Outros Desistem

Uma das razões para que tantos candidatos a empreendedor desistam é que começam a perceber que só estão capacitados a operar um dos cinco níveis. Um artista plástico, por exemplo, só teve treinamento formal em relação ao desenho de produtos. Um advogado talvez só domine os aspectos legais de um negócio. O engenheiro pode ter sido treinado em matéria de produtos ou sistemas e desconhecer os outros níveis. Quem teve uma formação em marketing e vendas talvez só conheça o nível comunicação. E um contador talvez só esteja preparado para cuidar do fluxo de caixa. No momento em que analisam os cinco níveis, os aspirantes a empreendedor percebem que têm mais lições de casa a fazer antes de enriquecer com os novos produtos que idealizaram.

Autônomos

Pessoas altamente educadas em termos profissionais costumam ter mais probabilidade de sucesso porque sua formação as preparou em relação a mais de um nível. Por exemplo, consideremos um negócio que um advogado poderia montar em termos do Triângulo D–I:

- **Produto:** é o próprio advogado. Ele é contratado para executar os serviços para os quais foi treinado.
- **Lei:** advogados são credenciados pela OAB (que os protege da concorrência dos simples bacharéis em Direito). Geralmente vigoram contratos que definem os direitos, os deveres e a remuneração relativa dos associados a um escritório de advocacia. Além disso, a maioria dos advogados formaliza contratos que definem as relações que irão manter com seus clientes.
- **Sistema:** eles estão preparados para implantar os sistemas referentes aos serviços que irão prestar, bem como ao faturamento e cobrança desses serviços.

Os sistemas de alavancagem da experiência dos advogados mais capacitados já foram mais do que comprovados no âmbito das atividades jurídicas. Contrata-se, por exemplo, advogados menos experientes e mais baratos para realizar o levantamento inicial relativo a uma ação a ser impetrada; em seguida, o caso é submetido à análise de um advogado mais experiente. Utilizam-se frequentemente softwares comercialmente disponíveis para implantar sistemas de cobrança e recebimento.

- **Comunicação:** advogados sabem que, para ter sucesso, têm que ser bem-conceituados e manter boas relações com os clientes. A publicidade da maioria dos escritórios de advocacia é realizada boca a boca. A maioria das pessoas entende o que os advogados fazem, o que significa que eles precisam se comunicar ou explicar menos.

- **Fluxo de Caixa:** as pessoas sabem que têm que pagar os serviços prestados pelos advogados. Isso não quer dizer, entretanto, que o advogado deva ignorar os aspectos do fluxo de caixa. Na maioria dos casos, os serviços só são debitados no fim do mês em que foram prestados e os clientes costumam atrasar o pagamento dos honorários cobrados. Não é raro que se passem noventa ou mesmo 120 dias antes que as contas enviadas sejam pagas. Nesse ínterim, a folha de pagamento e as contas do escritório precisam ser pagas.

Vale repetir que o anteriormente exposto é uma simplificação. Apesar disso, define por que advogados, contadores, médicos, dentistas, encanadores, eletricistas, caminhoneiros, taxistas e babás têm mais facilidade para estabelecer um negócio. Existe um mercado que precisa de seus serviços e está disposto a pagar por eles.

Quanto aos professores e assistentes sociais, o caminho para se tornar um empreendedor autônomo altamente remunerado pode ser um pouco mais difícil. Este existe, mas a triste realidade é que as pessoas estão mais dispostas a contratar e remunerar os serviços de um advogado do que os serviços de um professor.

Uma das razões para pessoas altamente instruídas como meu pai pobre, que era professor, sofrerem como empreendedores é que sua formação profissional não as prepara para os vários níveis do Triângulo D–I. Profissionais como bombeiros, enfermeiras, bibliotecários e secretárias são treinados para prestar serviços essenciais, mas não para os serviços pertinentes aos cinco níveis de tarefa de um negócio. Sendo assim, recomendo enfaticamente que façam a lição de casa antes de pedirem demissão.

Capítulo 3

Você Não Precisa Ser o Primeiro

Muitas pessoas acreditam que Thomas Edison foi o primeiro a pensar em usar a eletricidade para fins de iluminação e que a invenção da lâmpada elétrica que possibilitou a fundação da General Electric. No entanto, a história mostra que, antes dele, vinte e dois inventores já haviam conseguido construir lâmpadas elétricas funcionais. Mas então por que é que a história reconhece Edison como o inventor da lâmpada e por que sua empresa veio a ser a maior do mundo? A resposta pode ser novamente encontrada no Triângulo D–I, na vida de Edison e nos cinco níveis de uma empresa.

- Edison nasceu em 1847.
- Dos 12 aos 15 anos, ele trabalhou em uma rodovia vendendo lanches e imprimindo seu próprio jornal.
- Dos 15 aos 22, trabalhou em uma empresa telegráfica.
- Em 1869, aos 22, obteve sua primeira patente.
- Em 1876, construiu seu próprio laboratório, em New Jersey.
- Em 1878, inventou o fonógrafo de rolo.
- Em 1879, inventou a lâmpada elétrica.
- Em 1882, instalou um sistema de eletricidade completo em Nova York.

Comunicação: Levante Capital

Você na certa notou que, em vez de ir à escola, Edison trabalhou em vendas entre os doze e os quinze anos. Andava para cima e para baixo nos trens, vendendo lanches e o jornal que ele mesmo imprimia. Estava trabalhando no nível da comunicação.

Quando saí dos Fuzileiros Navais, em 1974, meu pai rico disse: "Você tem que arranjar um emprego em vendas. A capacidade de vender é a habilidade básica de todos os empreendedores." Fui trabalhar na Xerox e sofri durante dois anos porque era tímido e detestava ouvir um não, mesmo que fosse seguido de um obrigado. Mas, por volta de 1977–1978, eu já era consistentemente um dos cinco maiores vendedores.

Hoje, encontro muitos aspirantes a empreendedor que têm excelentes ideias sobre novos produtos ou serviços. O problema da maioria deles é que não conseguem vender, o que significa que não conseguem levantar capital. A incapacidade de levantar capital talvez seja a principal razão para os candidatos a empreendedor desistirem e voltarem a ser empregados.

Fluxo de Caixa: Desenvolva a Habilidade de Vender

Você não poderá ser um empreendedor se não conseguir vender. Não conseguindo vender, você não conseguirá levantar capital. Se a ideia de vender o deixa apavorado, arranje emprego em uma loja de departamentos e comece por aí. Ou então vá trabalhar em uma empresa como a Xerox, que o obrigará a vender de porta em porta. À medida que sua coragem for aumentando, você talvez queira experimentar uma empresa de marketing direto que esteja disposta a treiná-lo.

Os empreendedores levantam capital das seguintes formas:

- Amigos e familiares
- Bancos e empresas que financiam empreendimentos
- Clientes
- Fornecedores
- Investidores
- Mercados de capital

Li livros sobre Edison que afirmavam que sua capacidade de vender habilitou-o a levantar um fluxo de capital de investimento constante direcionado a seus projetos. Os autores afirmam que Edison estava à frente de sua época, entendendo e integrando os conceitos de autopromoção. Essa capacidade de se autopromover foi um dos motivos de ele ser considerado o inventor da lâmpada elétrica quando, na verdade, foi o vigésimo terceiro inventor a construir uma lâmpada.

Fluxo de Caixa: Desenvolva a Habilidade de Vender

A pessoa que levanta o capital ou investe seu próprio dinheiro para montar um negócio geralmente fica com a melhor parte. Aprenda, portanto, a vender e continue aprendendo. No meu caso, aprender a vender foi mais ou menos como aprender a dirigir um carro de corrida. Tive que superar meu medo.

Fico triste com o medo que noto nos olhos das pessoas que querem ser empreendedores e têm medo de vender.

Lei: Proteja Seu Ativo

Thomas Edison obteve sua primeira patente em 1869, quando tinha 22 anos. Ele fez a lição de casa, protegendo legalmente seu ativo. Comentarei nos próximos capítulos por que essa precaução é tão importante para qualquer empreendedor.

Capítulo 3

Sistema: Controle a Rede

Enquanto trabalhou para uma empresa telegráfica, Edison aprendeu a entender o poder do sistema. Foi por isso que, na mesma época em que desenvolvia a lâmpada elétrica, ele também estava projetando um sistema elétrico que iria alimentar suas lâmpadas. Se não tivesse trabalhado para a empresa telegráfica, talvez nunca tivesse percebido a importância do sistema.

Outra palavra para sistema é *rede*. É por isso que as pessoas mais ricas do mundo controlam redes, sejam elas de televisão ou de rádio, de postos de gasolina, de marketing de rede ou de distribuição de negócio. Uma grande diferença entre o dono de um pequeno negócio e o dono de um grande negócio é a compreensão da importância dos sistemas ou redes. Nosso sucesso com a *Rich Dad* se deve em grande parte aos sistemas em rede. A *Editora Alta Books*, por exemplo, edita e distribui nossos livros no Brasil através de uma rede de livrarias. Nossos programas de televisão são transmitidos através de redes em vários países. Nossos seminários sobre investimentos são joint ventures firmadas com grandes redes de radiodifusão.

Faça Seu Dever de Casa

Como deve ter percebido, simplificamos consideravelmente a importância de certificar-se do cumprimento dos cinco níveis do Triângulo D–I. Mas vale repetir que, se um ou mais dos cinco níveis não forem cumpridos, o negócio será prejudicado. Se o empreendedor que monta um negócio esquecer ou negligenciar um deles, o negócio será prejudicado e até fracassará. Um negócio bem-sucedido é criado antes mesmo de começar a existir. Por isso a importância de fazer a lição de casa, mesmo que seja trabalhando de graça.

Os conceitos inerentes ao Triângulo D–I serão aprofundados ao longo de todo este livro. É importante que você analise atentamente cada nível do Triângulo D–I antes de pedir demissão. Isso não quer dizer que você tenha que ser um especialista em cada nível. Isso significa que você, como empresário, não terá apenas um componente com que lidar, mas, sim, cinco. Assim, antes de se tornar um empreendedor rico, dedique um pouco mais de tempo à compreensão de cada nível.

LIÇÃO DO MUNDO REAL #4
O Sucesso Revela as Falhas

Capítulo 4

SABEDORIA DAS RUAS VERSUS ACADEMICISMO

As Boas Notas do Mundo Real

"Se eu me der bem na escola, vou me dar bem no mundo real?", perguntei ao meu pai rico.

"Isso dependerá de sua definição de mundo real."

O Triângulo D–I fez mais sentido para mim depois que meu pai pobre fechou sua franquia de sorvetes. Já na casa dos cinquenta anos, ele havia investido seu fundo de pensão e tudo que economizara na vida e perdido. Deveria ter reagido, como muitos empreendedores fazem depois que seus negócios fracassam, mas meu pai pobre começou a afundar.

Em vez de montar um novo negócio, assumiu um cargo como dirigente do sindicato dos professores e partiu para cima de seu ex-patrão, o governador do Havaí, exigindo melhores salários e mais benefícios para os professores. Não seguiu em frente, aprendendo com os erros e se tornando um empreendedor melhor; ele se tornou novamente um empregado e um defensor dos direitos dos empregados.

Uma das razões para ele não ter reagido foi estar sem dinheiro. Poderia aprender a levantar capital para seu próximo negócio, porém simplesmente arranjou um emprego. Na verdade, ele começou tudo de novo, fazendo o que sabia fazer — trabalhando por um salário e economizando — em vez de aprender alguma coisa nova, como as formas de se levantar capital.

Capítulo 4

Minha Formação É Constante

Percebendo que havia sido a incapacidade de se comunicar que derrubara meu pai pobre, fui pedir emprego de vendedor na IBM e na Xerox. O que eu queria não era um salário, mas sim o treinamento em vendas. O pai rico havia me dito que, se quisesse ser empreendedor, seria melhor que eu fizesse minha lição de casa no componente comunicação do Triângulo D–I.

Depois de duas entrevistas, ficou evidente que a IBM não era a melhor empresa para mim e tenho certeza de que eles perceberam que eu não seria o melhor empregado para a empresa. Na Xerox, entretanto, acabei entre os dez melhores candidatos às quatro vagas que existiam, depois de cinco entrevistas. A entrevista final foi com o gerente-geral em Honolulu. Naquele dia, seis de dez finalistas saíram do escritório. Os outros quatro já tinham sido entrevistados.

Eu ainda não havia dado baixa na Marinha e estava de uniforme. Enquanto esperava, analisei nervosamente meus concorrentes. Os cinco eram mais jovens que eu, recém-saídos da faculdade e muito simpáticos e estavam vestidos como executivos.

A guerra do Vietnã ainda não havia terminado e era muito impopular em alguns círculos, que, consequentemente, também não gostavam de uniformes militares. Não era nada agradável sair da base militar e ir ao centro de Honolulu. Nunca cuspiram diretamente em mim, mas já haviam cuspido algumas vezes no chão à minha frente. Entre aqueles jovens formalmente vestidos, eu, com meu uniforme dos fuzileiros, me senti realmente deslocado, vestia camisa cáqui de mangas curtas, calças verdes, usava o cabelo impecável e tinha condecorações militares.

A secretária finalmente informou que o grande homem estava pronto para conversar comigo. Entrei na sala e sentei-me em frente ao gerente. Estendendo a mão por cima da mesa, ele não perdeu nenhum tempo e foi logo dizendo o que tinha para dizer. "Analisei sua ficha. Você foi altamente recomendado pelas pessoas que já o entrevistaram. Elas acham que poderia ser muito valioso em nossa equipe de vendas."

Respirei fundo sem fazer ruído e esperei a boa ou má notícia. Embora as palavras fossem agradáveis, notei que ele evitava me encarar e mantinha os olhos fixos em minha ficha.

Finalmente, ele me olhou e disse: "Detesto dizer isso, mas tenho que decepcioná-lo." Levantou-se, estendeu a mão e disse: "Obrigado de qualquer forma."

Levantei-me também e apertei a mão dele, mas meu sangue estava fervendo. Eu queria saber por quê fora rejeitado. E já que não tinha nada a perder, perguntei: "Com

Empreendedor Rico

o devido respeito, o senhor se importaria em me dizer por que estou sendo rejeitado? Nem sequer me entrevistou. Poderia me dizer a razão específica para estar certo de que não sirvo para o cargo?"

"Neste momento, não posso", disse o gerente. "Tenho dez candidatos excelentes e apenas quatro vagas. Eu gostaria que tivéssemos mais vagas, mas não temos. Por que você não espera um ano e volta a se candidatar? Talvez suas chances sejam melhores daqui a um ano. Agora, se me der licença, tenho que continuar as entrevistas."

Encarei-o diretamente e disse: "Diga-me simplesmente a razão. Como é que o senhor pode dizer qual de nós é o melhor sem uma entrevista? Além disso, acho que estou sendo tratado de maneira muito indelicada. Vocês me fizeram chegar até aqui e agora nem têm sequer a cortesia de me entrevistar. Basta me dizer como foi que o senhor tomou essa decisão sem me entrevistar. É tudo o quero saber."

"Está bem, se quer mesmo saber, você é o único candidato que não tem o MBA e apenas se bacharelou." Dito isso, caminhou até a porta para me dispensar.

"Espere um momento", falei. "Depois que me graduei pela Academia de Marinha Mercante, passei cinco anos nos Fuzileiros Navais, lutando em uma guerra em que ninguém queria estar. E nem precisava me alistar, porque já era tripulante de navios petroleiros. Eu trabalhava para a *Standard Oil*, o que me isentava do alistamento, mas mesmo assim me alistei. E agora o senhor me diz que não vai me contratar porque não voltei a estudar? Eu tinha outras coisas para fazer. Havia essa guerra onde nos metemos. E o senhor agora me diz que prefere contratar quem fugiu do alistamento e cursou a faculdade?"

"Não é isso que estamos discutindo aqui. Não estamos aqui para discutir a guerra ou nossas atitudes políticas", disse o gerente, que tinha mais ou menos a minha idade. "A verdade é que estou contratando quem voltou a estudar. O mercado de trabalho anda escasso. Temos muitos candidatos qualificados e, portanto, podemos ser seletivos. Agora só estamos contratando quem tem MBA e foi assim que tomei minha decisão. Volte a estudar, consiga seu MBA e talvez possamos voltar a conversar."

"Por que não me disseram isso antes?", perguntei. "Por que me fizeram passar por todo esse processo e só agora me dizem isso?"

"Abrimos exceções para pessoas excepcionais", disse o gerente. "Apesar de ter se diplomado, nossos entrevistadores acharam que você talvez tenha outras qualidades que buscamos. Até aqui, os outros acharam que você é bom, mas não excepcional."

Naquele exato momento, resolvi me tornar excepcional — ou pelo menos memorável. Mantendo a porta aberta, o gerente me estendeu novamente a mão e sorriu um

Capítulo 4

sorriso amarelo. Recusei-me a apertar a mão estendida e perguntei, em voz ligeiramente alta: "Diga-me uma coisa. O que é que um diploma universitário tem a ver com vendas?" Ouvindo isso, os candidatos que estavam na sala de espera viraram a cabeça e ficaram olhando para a porta aberta.

"O diploma comprova a determinação da pessoa. Prova dedicação e um elevado nível de inteligência."

"Mas o que é que o diploma tem a ver com vendas?", perguntei novamente.

"Está bem", disse o gerente. "O que o leva a pensar que é capaz de vender, sr. Fuzileiro? Por que o senhor pensa que é mais qualificado que esses candidatos, mais instruídos que você?"

"Porque passei cinco anos recebendo um tipo de instrução diferente, uma instrução que não se recebe na escola. Enquanto esses garotos estavam estudando dia e noite para serem aprovados, eu estava pilotando um helicóptero e atacando os ninhos de metralhadora dos vietcongues. Minha instrução foi em liderança, em conseguir o melhor que meus soldados podiam fazer, apesar de estarmos todos apavorados. Fomos treinados a pensar sob pressão não só na teoria como também na prática, em combate real. E, o mais importante, fui treinado para pensar na missão antes de em mim mesmo, a pensar em meus soldados antes de em mim mesmo. Esses garotos foram treinados apenas para puxar o saco dos professores e assim tirar melhores notas."

Para minha surpresa, o gerente estava escutando. Eu havia conseguido sua atenção. Naquele momento, resolvi fechar a venda.

"Apesar de não ter um MBA, sei que tenho a garra, a coragem e a capacidade de pensar sob pressão. Sei porque fui testado, não em uma sala de aula, mas em um campo de batalha. Sei que meu trabalho será derrotar a IBM, exatamente como foi derrotar o vietcongue. Pilotei minha aeronave de batalha durante um ano, lutando contra um inimigo muito mais difícil e decidido a vencer do que qualquer vendedor da IBM. O treinamento que recebi durante os últimos cinco anos me permitiu derrotar o vietcongue. E é por isso que, apesar de eu não ter um MBA, o treinamento que recebi nos Fuzileiros Navais me preparou para derrotar a IBM. Se o senhor acha que o programa de MBA treinou esses sujeitinhos a derrotar a IBM em campo, então contrate-os. Eu tenho cá minhas dúvidas. Mas não tenho nenhuma dúvida quanto a mim. Se eu posso derrotar o vietcongue, sei que posso derrotar um vendedor da IBM — mesmo que ele tenha um MBA e eu não."

Fez-se um silêncio mortal. Observando aquela meia dúzia de pretendentes esperançosos, com suas pastas cuidadosamente colocadas ao lado das pernas ou sobre

Empreendedor Rico

o colo, percebi que os MBAs estavam tremendo um pouquinho. Tinham ouvido tudo o que eu dissera.

Virei-me para o gerente, apertei-lhe a mão e agradeci por ter me ouvido. O recado estava dado. Sorri e disse: "Acho que vou trabalhar para seu concorrente."

"Espere um pouco", disse o gerente suavemente. "Vamos voltar para minha sala. Eu posso abrir uma exceção, apesar de nossa atual política de contratação."

Nada a Perder

Depois de ser contratado, fiz uma visita ao escritório do pai rico, para contar-lhe as novidades. Contei a ele o que eu havia dito quando percebi que não seria contratado. Ele sorriu e disse: "Às vezes, levamos a melhor quando não temos nada a perder." E continuou: "O difícil para a maioria das pessoas é ficar sem 'nada'. A maioria prefere aceitar pouco em vez de ir com tudo e ficar sem nada."

Quatro Anos de Tormento

Aprender a vender foi muito mais difícil do que a pilotar aeronaves. Na verdade, houve dias em que eu teria preferido estar de volta ao Vietnã, atacando ninhos de metralhadora do vietcongue, do que nas ruas de Honolulu, batendo de porta em porta. Sou muito tímido. Ainda hoje, festas e eventos sociais são penosos para mim. Visto isso, conversar dia após dia com estranhos foi uma experiência apavorante.

Durante dois anos fui o pior vendedor da Xerox. Ficava embaraçado cada vez que cruzava com o gerente da empresa. Toda vez que o encontrava, me lembrava do discurso de herói que fizera para conseguir o emprego. A cada revisão semestral do desempenho, o gerente lembrava que havia me contratado porque tivera fé em mim, mas que essa fé estava acabando.

Finalmente, na iminência de ser demitido, telefonei para o meu pai rico e pedi uma reunião. Enquanto almoçávamos, contei a ele que estava fracassando. Minhas vendas eram ínfimas, minha renda estava baixa e eu era sempre o último vendedor da lista de vendas realizadas. "O senhor tem alguma ideia de qual seja o meu problema?"

Você Não Está Fracassando Rápido o Suficiente

O pai rico riu do jeito que costumava fazer. Era esse seu jeito de me dizer que não havia nada de errado comigo e eu só havia empacado no processo de aprender. "Quantas visitas não solicitadas você faz por dia?", perguntou ele.

Capítulo 4

"Três ou quatro em um dia bom", respondi. "Na maior parte do tempo, fico atarefado no escritório ou então escondido em alguma lanchonete, juntando coragem para bater em outra porta. Detesto fazer visitas não solicitadas. Odeio ser rejeitado."

"Não conheço ninguém que goste de ser rejeitado ou de fazer visitas não solicitadas", disse o pai rico. "Mas conheço quem aprendeu a superar o medo da rejeição e de fazer essas visitas. E são pessoas muito bem-sucedidas, apesar do medo que sentem."

"Mas como é que eu posso parar de fracassar?", perguntei.

Ele riu novamente e disse: "O jeito de parar de fracassar é fracassar mais depressa."

"Fracassar mais depressa?", choraminguei. "O senhor está brincando comigo? Por que eu iria querer fracassar mais depressa?"

"Você vai fracassar de um jeito ou de outro se não fracassar mais depressa", respondeu o pai rico. "Olhe, você está em meio a um processo de aprendizado. O processo exige que erre muito e aprenda a partir dos erros. Quanto mais rapidamente errar, mais depressa concluirá o processo e chegará do outro lado. Mas você também pode desistir e então será o processo que irá tirá-lo do jogo."

O pai rico estava dizendo a mesma coisa que Thomas Edison dissera sobre ter fracassado mil vezes antes de inventar a lâmpada elétrica. A mesma coisa que meu instrutor disse quando, mais tarde, eu estava tentando aprender a pilotar um carro de corrida em alta velocidade. Os dois disseram que, quando se quer ficar livre de um processo, é necessário estar disposto a fracassar mais rápido.

Fracassando em Fracassar

Durante algumas semanas, segui o conselho do pai rico ao pé da letra e fiz tudo que podia para fazer mais visitas com a cara e a coragem. Bati em uma porta após a outra, em alta velocidade. O problema era que não conseguia chegar às pessoas com quem tinha mesmo que conversar. As secretárias são exímias em manter os vendedores maçantes como eu afastados dos respectivos chefes. Fracassando em fracassar mais depressa, telefonei novamente para meu pai rico e pedi conselhos. Pedi porque percebi que estava fracassando até mesmo em matéria de fracasso. Ele riu de novo e disse: "Mantenha esse emprego e arranje outro de vendedor no período noturno. Mas encontre um emprego que o leve a fracassar mais rapidamente."

Naturalmente eu choraminguei e reclamei. Eu não queria trabalhar de noite. Não era casado e, afinal de contas, morava no Havaí. O que eu queria era frequentar as casas noturnas da praia de Waikiki. Não queria saber de vender à noite. Depois que me ouviu lastimar e reclamar, pai rico perguntou simplesmente: "Até que ponto você quer ser empreendedor? *A maior habilidade do empreendedor é a capacidade de vender.* Se não conseguir atravessar essa parte do processo, será melhor que você seja sempre um empregado. A vida, o futuro e a escolha são seus. Você pode fracassar agora ou mais tarde."

Aquela era uma lição antiga, que eu já havia escutado antes. O tema havia mudado — e dessa vez era vendas — mas a lição era sempre a mesma. Se quisesse ter sucesso, eu tinha que estar disposto a fracassar.

Como o fracasso do meu próprio pai ainda na cabeça, eu sabia que aquela lição acerca de vendas era especialmente importante. Sabia que, se quisesse ser um empreendedor do quadrante D, eu tinha que aprender a vender. Mas eu detestava bater de porta em porta, dia após dia. Um belo dia, depois de ouvir quatro vezes "Não estamos interessados" e uma vez "Se você não cair fora daqui, eu vou chamar a polícia", cheguei às profundezas da depressão. Fui para casa, em vez de voltar para o escritório. E, sentado ali, no meu apartamento na praia de Waikiki, pensei em desistir. Pensei até em voltar a estudar e conseguir meu diploma de advogado, mas tomei duas aspirinas, deite-me e essa ideia logo sumiu. Havia chegado a hora de fracassar mais depressa de outra forma.

Trabalhando de Graça

Em vez de procurar um emprego noturno, lembrei-me do conselho do pai rico: "É mais fácil encontrar trabalho quando se está disposto a trabalhar de graça." Encontrei uma instituição beneficente que precisava de pessoas dispostas a dar telefonemas à noitinha, pedindo contribuições. Passei a ir para o centro da cidade quando saía da Xerox e ficava fazendo ligações das 19h às 21h30, solicitando contribuições. Durante essas duas horas e meia, eu fracassava tão depressa quanto podia, pelo telefone. Em vez de só ser rejeitado de três a sete vezes por dia, batendo de porta em porta para a Xerox, comecei a ser rejeitado mais de vinte vezes por noite, dando telefonemas para aquela obra de caridade. Meu índice de rejeição e fracasso foi às alturas, mas, curiosamente, conforme aumentou meu índice de fracasso, aumentou também minha capacidade de levantar dinheiro. Quanto mais telefonemas eu dava, melhor eu aceitava as rejeições. Aprendi o que funcionava ou não funcionava e comecei a modificar a minha abordagem, baseando-me nos sucessos e insucessos. Quanto mais eu fracassava à noite ao angariar doações, mais sucesso eu tinha na Xerox durante o dia. Logo comecei a melhorar de posição na lista de vendedores e não voltei mais a ser o que menos vendia. Apesar de não receber nada pelo trabalho noturno, comecei a ganhar mais durante o dia.

Capítulo 4

Aquelas horas extras tiveram até mesmo impacto sobre meus momentos de lazer. Quanto mais aumentava o número de rejeições, mais eu me divertia nas casas noturnas de Waikiki. De repente, perdi o medo de puxar conversa com as mulheres bonitas que encontrava. Fiquei menos desajeitado, menos apavorado com a possibilidade de rejeição. Passei a ser considerado um cara legal e popular e as mulheres começaram a me paquerar. Depois de quatro anos em uma escola militar e dez anos nos Fuzileiros Navais, onde só convivia com homens, era quase um risco estar perto de tantas mulheres bonitas. Mas era muito melhor do que ser o rapaz esquisito lá na ponta do bar, olhando de longe para elas.

Das 22h até 1h, eu era o rei das discotecas, exatamente como John Travolta em *Os embalos de sábado à noite*. Tinha até um blazer branco, camisas de gola alta, botas boas para dançar e um colar no pescoço. Por onde quer que andasse, eu caminhava ao som da música "Staying Alive", dos Bee Gees, na minha cabeça. Tenho certeza de que eu parecia ridículo, mas a coisa funcionava. Estava fracassando rápido e fazendo a lição de casa do nível comunicação do Triângulo D–I.

O Fracasso Compensa

No terceiro e quarto ano na Xerox, saí da lanterna da lista de vendas e passei a ser um dos primeiros. Ganhei muito dinheiro. Meus fracassos compensaram. No quarto ano, fui continuamente o melhor vendedor, mas depois que cheguei ao topo, percebi que era chegada a hora de ir embora. Meu aprendizado havia acabado e era hora de aprender alguma coisa nova. Mal sabia eu que aquele sucesso em vendas estava me preparando para o maior fracasso que já tive na vida.

As Quatro Escolas de Negócios

O pai rico nos explicou que existem quatro tipos diferentes de escolas de negócios. São elas:

1. **Escolas Tradicionais de Negócios**
   Fazem parte das universidades famosas e oferecem programas de graduação, como MBA.

2. **Escolas Familiares de Negócios**
   Muitos negócios familiares, como o do meu pai rico, são excelentes lugares para se adquirir treinamento em matéria de negócios — desde que você faça parte da família.

3. **Escolas Corporativas de Negócios**

Muitas oferecem programas de estágio aos estudantes mais promissores. Concluída a graduação, a empresa contrata e orienta os alunos no desenvolvimento da carreira. Em muitos casos, a empresa chega a pagar as mensalidades e conceder tempo livre para o estudo. Terminada a instrução formal, os mais promissores passam por diversas divisões da empresa para que possam conhecê-la e conseguir experiência com a mão na massa.

4. **Escolas da Vida de Negócios**

É a sabedoria das ruas, que os aspirantes a empreendedor conhecem quando abandonam a segurança da escola, da família ou o mundo empresarial. São nessas escolas que se formam aqueles que vencem na vida.

Indo para a Escola

Os quatro tipos de escolas têm seus méritos, vantagens e desvantagens e não sou eu quem dirá que um é melhor do que o outro. Tive a sorte de frequentar as quatro, de um jeito ou de outro.

Escolas Tradicionais de Negócios

Frequentei os cursos noturnos da universidade local enquanto trabalhei na Xerox, na intenção de conseguir meu MBA. Em menos de um ano percebi que aquilo não me servia. Os professores eram funcionários da universidade ou empregados de alguma empresa. Em sua maioria, os alunos queriam ser empregados bem preparados e altamente remunerados, exatamente como os professores. Queriam ascender na empresa, ao passo que eu queria construir e ser dono de uma. A cultura e o currículo escolar eram diferentes dos meus e, sendo assim, os abandonei.

Escolas Familiares de Negócios

Minha amizade com Mike permitiu que eu tivesse uma formação desse tipo, por meio dos negócios do pai rico. Foi uma excelente escola para mim simplesmente porque durou alguns anos e o pai rico era não só um empreendedor bem-sucedido, mas também um grande professor.

Capítulo 4

Escolas Corporativas de Negócios

Ao trabalhar na Xerox Corporation, tive acesso a um dos melhores programas de treinamento em vendas do mundo. Logo depois de ser contratado, em 1974, fui em um voo de primeira classe para Leesburg, na Virgínia, passar duas semanas na unidade de treinamento em vendas da empresa. Foi fantástico. Concluídas as aulas teóricas, íamos imediatamente para a rua praticar o que havíamos aprendido na teoria. Nossos gerentes de vendas eram excelentes professores e orientadores e mantinham uma disciplina rígida, aplicando a teoria aos desafios que encontrávamos nas ruas. Estudávamos muito, não só as técnicas de vendas como também a análise dos produtos e as estratégias dos concorrentes. A Xerox tinha um objetivo naquela época: derrotar a IBM. A IBM era um adversário aguerrido e digno de ser enfrentado e, sendo assim, sabíamos que era necessário estar à altura do desafio.

Escolas da Vida de Negócios

Mas a formação mais difícil para mim foi a vida. Depois que saí da Xerox, fiquei cara a cara com a vida. A escola da vida foi horrível, os professores eram severos e rigorosos em matéria de dar nota. Fiquei muitas vezes de frente com os meus maiores temores e as profundezas da minha insegurança. Mesmo assim, foi a melhor escola em que já estudei. Era exatamente o que eu precisava. As notas que se recebe com a sabedoria das ruas não vão de zero a dez, são calculadas em termos de dinheiro ganho ou perdido.

Dia da Formatura

Concluí o curso da Escola de Negócios da Xerox em 1978 e ingressei na escola da vida. Foi uma transição emocionalmente difícil. Passei de um mundo onde se viajava de primeira classe, os escritórios eram elegantes, recebia-se um salário garantido e tudo era pago pela empresa, para um mundo onde eu pagava tudo, desde o material de escritório até as despesas de viagem — incluindo-se aí os salários e benefícios de outras pessoas.

Antes de sair da Escola de Negócios da Xerox eu não tinha a mínima ideia do quanto custa manter uma empresa funcionando. Visando reduzir as despesas, eu e meus dois sócios não recebemos pró-labore durante dois anos. Lá estava eu outra vez trabalhando de graça. Foi então que entendi por que o pai rico exigira que seu filho e eu trabalhássemos de graça para ele. Ele estava nos preparando para o mundo do empreendedorismo — um mundo onde todo mundo recebe antes de você, se é que você recebe algum dia.

O Sucesso Revela Suas Falhas

Outra lição do pai rico era: "O sucesso revela suas falhas." Em outras palavras, seus pontos fortes irão revelar suas deficiências. Outra vez eu ignorava o que isso quer dizer até que meu próprio negócio se tornasse um sucesso.

Nosso negócio de carteiras de náilon e velcro para surfistas foi bem-sucedido em dois dos cinco níveis. Tivemos sucesso em matéria de comunicação e produto. Os três sócios haviam treinado durante anos para terem sucesso nesses dois níveis. O problema foi que éramos bem treinados demais em matéria de comunicação e produto e o sucesso foi não só grande demais como também rápido demais. Foi como se tivéssemos conectado uma mangueira de jardim a um hidrante. O negócio todo foi pelos ares assim que o sucesso internacional pressionou o sistema. Nossos pontos fortes foram anulados pelos pontos onde éramos fracos. O sucesso revelou nossas deficiências. Não conseguimos fortalecer os níveis aspectos legais, sistemas e fluxo de caixa do Triângulo D–I. Havia uma certa cobertura, mas fracassamos nesses três níveis à medida que nosso sucesso foi aumentando.

De Volta à Prancheta

Depois que a empresa entrou em colapso, meus dois sócios saíram. Pensei em fechá-la, mas o pai rico disse: "Refaça tudo. Esse negócio será a escola pela qual você vem esperando."

Voltei à prancheta muitas vezes durante os seis anos seguintes. Cada fracasso doía menos e a recuperação era cada vez mais rápida. Cada vez que fracassava, eu sabia o que tinha que melhorar. Sabia o que tinha que aprender em seguida. A escola da vida me orientava. Cada fracasso me deixava na verdade mais esperto e mais confiante.

Cada fracasso me deixava com menos medo de fracassar e mais entusiasmado para aprender o que tinha que aprender em seguida. Cada fracasso era um desafio, a primeira porta que se abriria para um mundo novo. Se fosse bem-sucedido, a porta se abriria. Se fracassasse, a porta seria fechada na minha cara, e, quando a porta se fechava, isso significava que eu tinha que ser mais esperto. Tinha que pensar mais. Tinha que ser criativo e encontrar uma forma de chegar à próxima porta. De certa forma, era como se fosse novamente um vendedor batendo de porta em porta.

Quando me perguntam como sobrevivi sem dinheiro durante todos aqueles anos, respondo: "Não sei. Simplesmente vivi um dia de cada vez." Depois que meus sócios saíram da empresa e as coisas pareciam sombrias, apareceram dois sócios novos. Um deles era meu irmão, Jon. Os dois entraram com algum capital e, mais

Capítulo 4

importante, trouxeram uma nova vitalidade e novas habilidades para a empresa. Dave contribuiu com sua experiência no nível sistemas e era muito bom em matéria de produção. Jon se encarregou do fluxo de caixa e conseguiu pacificar nossos credores e manter nossos fornecedores. Além disso, admitimos um novo consultor e um auditor aposentado, que nos ajudou a arrumar a bagunça e contentou-se em trabalhar de graça, já que sua mulher queria mais era que ele fizesse alguma coisa em vez de ficar em casa. O homem ficou feliz por ter uma sala onde passar o dia, mas acredito que ele achou mais divertido observar nossas dificuldades, pois ria muito quando eu e os novos sócios resmungávamos sobre os nossos problemas. Mais do que trabalhar de graça e arrumar a bagunça, ele também nos ajudou a levantar capital, ensinando-nos a fazer isso de maneira profissional.

Como já disse, sobrevivemos vivendo um dia de cada vez. A única coisa que eu sabia era que não queria voltar a arranjar um emprego, como meu pai pobre fez depois que a sorveteria foi um fracasso. De certa forma, a minha filosofia era: "Fui longe demais para voltar atrás."

O pai rico estava certo. Aqueles dez anos foram a melhor escola de negócios que eu poderia ter cursado. Entre a Xerox, em 1974, e a montagem de uma empresa bem-sucedida, por volta de 1984, foi um processo de dez anos durante o qual construí, fracassei, corrigi, reconstruí e fracassei novamente. Para mim, essa foi a melhor forma de aprender. Senti-me várias vezes como se estivesse construindo um carro de corrida e não um negócio. Minha equipe construía o carro, entrava com ele na pista, pisava fundo, estourava o motor ou algum sistema hidráulico e voltava para a oficina.

Um Sistema de Sistemas

A construção de um negócio bem-sucedido é bastante semelhante à construção de um automóvel. Um automóvel consiste em um sistema de sistemas. Existe um sistema elétrico, um sistema de alimentação, um sistema de freios, um sistema hidráulico e assim por diante. Se um dos sistemas quebrar, o automóvel para ou se torna perigoso.

O corpo humano também é um sistema de sistemas. Temos o sistema circulatório, o sistema respiratório, o sistema digestivo, o sistema ósseo e uma série de outros sistemas. Se um dos sistemas for mal, o corpo também poderá parar de funcionar satisfatoriamente.

Aprender a ser empreendedor é, de muitas formas, como ir à escola para aprender mecânica ou medicina. Assim como o médico analisa seus raios X ou exames de sangue, o empreendedor observa o Triângulo D–I para avaliar a saúde geral e a vitalidade de sua empresa.

Depois de reconstruir várias vezes meu negócio de carteiras de náilon e velcro e de uma série de outros negócios, foi ficando cada vez mais fácil analisá-los. Hoje em dia, fico entusiasmado em vez de receoso. Em vez de grandes riscos, enxergo grandes oportunidades. Hoje eu sei que posso reconstruir um negócio, caso tenha perdido tudo. É por isso que a passagem pelas quatro escolas de negócios, aprendendo tanto a teoria quanto a prática, foi uma excelente forma de estudar.

O que É Mais Importante?

Sempre me perguntam: "O que é mais importante para o empreendedor: a teoria ou a prática?" Eu respondo: "As duas coisas." Você e sua equipe precisam tanto da teoria quanto da prática para se tornarem empreendedores de sucesso. Você perceberá a razão ao observar o Triângulo D–I. Embora os cinco níveis exijam conhecimento prático, os níveis aspectos legais e fluxo de caixa exigem na verdade profissionais conhecedores da teoria. Como é evidente, será melhor contar com um advogado que se encarregue dos aspectos legais e com um contador, de preferência um auditor independente, que cuide do fluxo de caixa. Você ficaria surpreso com o número de pessoas que me procura pedindo conselhos sobre a montagem de um negócio, sem um contador ou um advogado na equipe.

Inteligência em Equipe

O empreendedor precisa saber como diferenciar a teoria da prática e, o mais importante: precisa de uma equipe inteligente, o que significa encontrar a melhor equipe exigida pela tarefa a ser realizada. Em se tratando de negócios, é a inteligência em equipe que vence.

Em seu best-seller *Empresas Feitas para Vencer*, Jim Collins fala da necessidade de se ter as pessoas certas no ônibus, sentadas nos lugares certos. É importante contar com uma equipe que tenha todo o talento necessário ao cumprimento das tarefas do Triângulo D–I. E o mais importante, segundo Jim, é manter as pessoas erradas *fora* do ônibus.

Os Três Grandes Erros

Em se tratando de profissionais das áreas jurídica e contábil, notei que os empreendedores cometem três erros básicos:

Capítulo 4

1. O empreendedor não busca orientação jurídica ou contábil antes de montar seu negócio.

2. O empreendedor segue ao pé da letra as orientações do contador ou do advogado que o assessoram. Muitas vezes tive que perguntar a um empresário: "Quem dirige a empresa — o contador, o advogado ou você, como empreendedor?" Lembre-se sempre, mesmo que eles sejam mais experientes do que você em determinados assuntos, é você quem paga as contas que eles apresentam. É você quem decide os rumos do seu negócio.

3. O empreendedor se vale de um contador ou advogado que não pertencem à equipe. Isso não quer dizer que você tenha que contratar profissionais em regime de tempo integral. Quer apenas dizer que você tem que confiar em seu contador e em seu advogado. Eles têm que estar e querem estar a par de tudo. Vocês têm que ser íntimos. O pai rico costumava dizer: "Ter um contador ou advogado em regime de tempo parcial é como ter um marido ou mulher em regime de tempo parcial."

SABEDORIA ACADÊMICA	SABEDORIA DAS RUAS
Pensador A	Pensador C
Habilidades analíticas Raciocínio crítico	Pensamento criativo Lógica flexível
Pensador T	Pensador P
Habilidades técnicas Especialização	Habilidades com pessoas Liderança

As características geralmente associadas à teoria estão à esquerda. As qualidades comumente adquiridas na prática estão à direita. Meu pai rico costumava dizer: "Se quiser ser um bom empreendedor, você terá que se desenvolver nas quatro áreas."

Voltarei a falar nessas características e elas se tornarão cada vez mais claras à medida que formos analisando exemplos. Por enquanto, basta explicar brevemente cada tipo de raciocínio:

Pensador A: todos conhecemos pessoas que têm grande capacidade Analítica e geralmente gostam de resolver problemas de matemática na escola. Se você lhes apresentar uma ideia nova, essas pessoas se mostrarão mais críticas e céticas do que receptivas. Em vez de tomar decisões rápidas, o Pensador A normalmente analisa longamente cada situação e frequentemente pede mais detalhes antes de decidir.

Pensador C: também conhecemos artistas Criativos naquilo que fazem, o que não quer dizer que sejam necessariamente artistas plásticos, mas, sim, criativos. Os artistas criativos podem ser advogados ou contadores, mas sempre gostam de conhecer o quadro todo. São pessoas que não se prendem a esquemas. Os Pensadores C deixam os Pensadores A frequentemente malucos. Sua lógica flexível significa que eles são flexíveis em relação ao que faz sentido para eles. Quando digo, por exemplo: "Posso ganhar mais dinheiro quando o mercado está afundando", o Pensador C é mais capaz de entender a lógica subjacente do que o Pensador A. Em outras palavras, o Pensador C pode apanhar um conceito aparentemente ilógico e enquadrá-lo em sua lógica pessoal. Os Pensadores C têm mentes mais abertas. Os Pensadores A frequentemente rejeitam qualquer coisa que não se encaixe em sua forma de raciocinar.

Pensador T: há ainda os verdadeiros magos em matéria de Técnica, como alguns gênios da informática ou quem parece entender idiomas só falados em Marte. Ou aqueles maníacos automotivos que imaginam que todo mundo sabe como retirar uma transmissão automática e consertá-la. Os Pensadores T são frequentemente o oposto dos Pensadores P. Mas por quê? Porque parecem se sentir mais à vontade com quem comungue dos mesmos interesses técnicos e, sendo assim, marcam presença em palestras sobre informática só para encontrar outros fanáticos por computador como eles. São capazes de passar horas em lojas especializadas só para encontrar quem fale a mesma língua.

Pensador P: quando cursava o nível médio, os grandes Pensadores P se candidatavam a representantes do corpo discente ou eram eleitos os mais Populares do colégio. Pessoas assim conseguem puxar conversa com todo mundo, ao contrário dos Pensadores T. São sempre as estrelas das festas. Todo mundo os convida porque eles são a alma de qualquer festa. Nas empresas, são adorados tanto pelos diretores quanto pelos empregados, que farão qualquer coisa por um Pensador P. Em matéria de negócios, os Pensadores P revelam-se grandes líderes quando possuem as habilidades necessárias ao negócio. Quando falam, as pessoas prestam atenção.

Capítulo 4

Pensadores Diferentes, Empresários Diferentes

Como talvez já tenha adivinhado, cada tipo de pensador se sente atraído por determinado tipo de empreendimento. O maníaco automotivo, Pensador T, por exemplo, poderá se divertir muito abrindo uma loja de peças. O advogado cujo raciocínio é analítico e crítico, como bom Pensador A, montará um escritório de advocacia. O médico que raciocina como Pensador C talvez queira se especializar em cirurgia plástica. E os Pensadores P poderão ser os eternos candidatos a cargos políticos. Ou ainda entrar para o mundo dos espetáculos, recebendo para ser o centro das atenções.

Os Quatro Pensadores São Importantes

O pai rico costumava dizer: "Os quatro tipos de pensadores são importantes para qualquer negócio. Os pequenos negócios continuam pequenos ou acabam fechando por não contarem com um ou mais dos diferentes tipos de pensadores." Uma das razões do fracasso de minha empresa de carteiras de náilon foi o fato de ser muito bem servida nas categorias C e P e deficitária nas categorias A e T.

Muitos empreendedores autônomos são excelentes Pensadores A ou T. A pessoa pode ser um grande advogado, Pensador A, ou um grande eletricista, Pensador T. Pessoas assim se especializam em um nicho de mercado e se dão muito bem sozinhas, mas podem ter dificuldade para expandir seus negócios porque são deficientes nas categorias C e/ou P.

No mundo dos investimentos, as pessoas A ou T investem de um jeito diferente das pessoas C ou P. As pessoas A e T querem uma fórmula exata a ser seguida. Querem ver os números e os analisam inúmeras vezes. Os investidores C e P se interessam mais por negócios exóticos ou querem saber quem são os outros atores. Note que a palavra atores significa que, para eles, as pessoas são importantes na equação de investimento. As pessoas são importantes para os Pensadores P.

Nos cursos sobre investimentos que costumo oferecer, frequentemente encontro um grupo de pessoas que diz: "Diga-me o que devo fazer. Qual é sua fórmula?" Quando ouço essas perguntas, sei que se trata provavelmente de Pensadores A ou T. Essas pessoas ficam doidas quando respondo: "Nós simplesmente criamos o investimento. Reunimos um grupo de pessoas, montamos o negócio e ganhamos muito dinheiro." Isso os deixa doidos, porque nossa forma de investir não se enquadra em seus sistemas lógicos. Para os Pensadores A e T, é fácil seguir uma fórmula como: "Economize, pague as dívidas, invista em longo prazo e diversifique." Fórmulas como essa satisfazem sua ansiedade por fórmulas lógicas de investimento, ainda que não representem o melhor dos investimentos. Gente assim pode ficar decepcionada com minhas fórmulas, uma vez que suas mentes não admitem uma lógica flexível.

O Conselho do Pai Rico

O pai rico se preocupava com o fato de eu querer ser empreendedor porque era deficiente nas quatro categorias. Não conseguia raciocinar como um Pensador A, T, P ou C e, por isso, dizia: "Você tem que se enquadrar em uma categoria e se aperfeiçoar nela."

Em seguida, ele escrevia os cinco níveis do Triângulo D–I em uma folha de papel:

1. Produto
2. Lei
3. Sistema
4. Comunicação
5. Fluxo de Caixa

E continuava: "Não acredito que você venha a se dar bem nos níveis aspectos legais, sistemas ou fluxo de caixa do Triângulo D–I. Você não foi e provavelmente nunca será um bom aluno. Não creio que você jamais volte a estudar e se torne advogado, contador ou engenheiro. Isso nos deixa com os níveis produto e comunicação. Escolha um desses e dedique o tempo de vida que lhe resta a tornar-se o melhor da categoria que escolheu." E foi assim que resolvi dar baixa dos Fuzileiros Navais e ir trabalhar na Xerox. Em 1974, concluí que minha melhor chance como empreendedor seria especializar-me em comunicação com as pessoas. Eu não era um Pensador P nato, mas decidi que essa seria a categoria em que eu estava disposto a aprender pelo resto da minha vida.

Hoje tenho enorme respeito pelos primeiros da classe — que criam e desenvolvem produtos, e pelas mentes jurídicas, que dedicam suas vidas ao estudo da lei, ou ainda pelos engenheiros, que são excelentes em matéria de sistemas. Tenho enorme respeito pelos contadores, que sabem como identificar de onde vem e para onde vai o dinheiro.

Especializar-se em um Único Nível

Quando perguntei ao meu pai rico por que deveria me especializar em um nível, ele respondeu: "Se quiser se cercar da melhor equipe, você também terá que ser o melhor em alguma coisa. Se for apenas razoável em matéria de comunicação, você nunca precisará dos melhores advogados, engenheiros, projetistas ou contadores. Irá se cercar de profissionais medíocres porque você mesmo será medíocre."

Capítulo 4

Construa uma Equipe de Especialistas

Alguns empreendedores autônomos não se saem tão bem quanto poderiam se sair porque acham que têm que ser especialistas nos cinco níveis. São frequentemente razoáveis nos cinco níveis, mas nunca poderão ser bons mesmo em todos os níveis. Talvez seja por isso que frequentemente permanecem no quadrante A. Se quiser ser um sucesso no quadrante D, você terá que ser excelente em um dos níveis e, a partir daí, montar uma equipe de especialistas que preencham os demais níveis.

Superando minha timidez, eu diria que sou muito bom para criar, promover, vender, escrever e falar a respeito de produtos ligados à informação. Não fossem os anos de treinamento em matéria de comunicação e desenvolvimento da minha capacidade de raciocinar como um Pensador P, duvido que a *Rich Dad* tivesse tido o sucesso que teve.

Hoje em dia, a *Rich Dad* conta com equipes substanciais de projeto e equipes jurídicas agressivas, bem como sistemas de distribuição internacionalmente implantados, além de sistemas internos e sistemas de marketing e comunicação espalhados pelo mundo todo, apoiados por uma equipe contábil de classe mundial, que mantém o dinheiro fluindo. Como um negócio, temos milhares de pessoas pelo mundo trabalhando para nós ou em função de nossos produtos. Como dizem: "A *Rich Dad* se tornou um grande sucesso da noite para o dia", mas levou anos para alcançá-lo.

Desenvolva-se

A escola da vida é muito penosa. Ainda me lembro da época em que fiquei perambulando por Nova York com o dinheiro acabando, batendo de porta em porta na esperança de achar alguém que dissesse: "Sim, eu quero" para as minhas carteiras de náilon. Adoro Nova York, mas sempre soube que esta pode ser uma cidade muito cruel se você for pobre, malsucedido e desconhecido.

Embora a matriz da *Rich Dad* esteja localizada em Scottsdale, no Arizona, os motores do negócio se localizam em Nova York e outras cidades espalhadas pelo mundo. É excitante ter acesso aos escritórios de algumas das empresas mais poderosas do mundo, como *American Express, ABC, NBC, CBS, Fortune, Businessweek, Forbes, New York Times, New York Post* e *CNN*. É ainda mais excitante propor ou fazer negócios com essas empresas. No entanto, por maior que seja o sucesso que acumulamos nos últimos oito anos, não esqueço as ruas de Nova York e como essa cidade pode ser caso um dos níveis do Triângulo D–I seja deficiente.

Empreendedor Rico

Sendo assim, antes de se tornar um empreendedor rico, entenda que sua tarefa mais importante é desenvolver a si mesmo. Se você vai se dedicar a ser um grande empreendedor, esse desenvolvimento facilitará a tarefa de encontrar pessoas boas o bastante para fazerem parte de sua equipe. Se conseguir reunir uma grande equipe, será mais fácil ter sucesso aonde quer que vá. Não se trata, portanto, de saber o que é mais importante, teoria ou prática. Basta lembrar que é muito importante se empenhar o quanto puder na teoria e na prática.

LIÇÃO DO MUNDO REAL #5
A Trajetória É Mais Importante que o Destino

Capítulo 5

O DINHEIRO FALA

"Estivemos ricos durante seis meses", falei. "O dinheiro estava entrando a rodo, mas aí a casa caiu."

"Bem, pelo menos vocês se sentiram como milionários, ainda que fosse apenas durante um semestre", filosofou meu pai rico, com um risinho. "Muitas pessoas jamais chegarão a saber como é ser rico."

"É, e agora estou financeiramente arruinado", resmunguei. "Seis meses de sucesso e agora anos para pagar as dívidas."

"Bom, pelo menos você teve o gostinho de saber como é a vida boa." O pai rico sorriu e tentou me animar. "A maioria das pessoas nunca saberá o que é construir um negócio e transformá-lo em um sucesso internacional. A maioria das pessoas nunca vai sentir como é bom ver o dinheiro entrando pela porta."

"E a maioria nunca saberá o que é ser um fracasso internacional e ver o dinheiro tomando o caminho de volta", falei começando a rir.

"Do que está rindo?", perguntou o pai rico.

"Na verdade, eu nem sei", respondi. "Acho que estou rindo porque, por pior que me sinta agora, não trocaria essa experiência por nada. Como o senhor disse, tive um vislumbre de um mundo diferente, que pouquíssimas pessoas verão, um mundo que eu gostaria de ver de novo. Foi tudo extremamente empolgante por um tempo."

O pai rico recostou-se na cadeira. Ficou assim durante um bom tempo; parecia refletir sobre a vida que levara e as batalhas que ganhara ou perdera. Finalmente voltou ao presente e disse: "A maioria das pessoas corre de casa para o trabalho e do trabalho para casa, procurando se proteger do mundo. Para muitos, a casa e o traba-

Capítulo 5

lho funcionam como refúgio da realidade complexa deste mundo competitivo. Tudo que querem é um salário garantido e um lugar a que possam chamar de lar." Fez outra pausa e então disse: "Mas há quem busque aquele algo a mais."

"O senhor quer dizer algo a mais que apenas segurança e dinheiro?", perguntei.

Assumindo um ar pensativo, respondeu: "Sim. Se tudo que sempre quisesse tivesse sido um emprego estável, um salário garantido e a ideia da segurança de um lar, jamais teria me tornado empresário."

"E o que o senhor queria, além de segurança e dinheiro?", perguntei.

"Um mundo diferente, um jeito diferente de viver. Como você sabe, minha família era muito pobre. Mas eu queria algo além de um monte de dinheiro. Queria mais do que uma grande casa e carros luxuosos. Queria uma vida que poucos chegam a conhecer. Eu sabia que minha chance de fracassar era maior que de vencer. Sabia que enfrentaria altos e baixos como empreendedor. E, como todo mundo, temia esses altos e baixos. No entanto, foi a visão de uma perspectiva diferente de vida que me levou a achar que as recompensas valeriam a pena. Não era apenas questão de ganhar dinheiro, mas de viver a aventura da vida." Ele fez uma longa pausa e então mergulhou de novo em seus pensamentos.

Finalmente disse: "Quando meu fim estiver próximo, os altos e baixos terão se transformado em recordações de uma grande aventura, de negócios bem-sucedidos e fracassados, de amigos que fiz e depois desapareceram e do dinheiro que ganhei e perdi. Serão recordações de perfeitos estranhos que entraram pela minha porta apenas para se juntar a mim em uma aventura e que depois saíram da mesma maneira quando a aventura terminou. Se quiser, você também poderá ter uma vida assim, com a qualidade e a beleza que, lá no fundo, sabe que são possíveis, que em seus sonhos sabe que um dia terá."

"E o senhor encontrou este lugar no mundo?", perguntei.

O pai rico simplesmente meneou a cabeça e sorriu satisfeito.

Um Vislumbre de Seu Futuro

Depois disso, não havia muito a ser dito. Eu sabia o que tinha que fazer. Tinha credores com que falar e um negócio a ser corrigido e reconstruído. Tinha ainda muito o que aprender e, portanto, sabia que era hora de voltar ao trabalho. Após juntar minhas coisas, apertei a mão do pai rico e me dirigi à porta.

"Tem mais uma coisa", disse o pai rico.

Virei-me e perguntei: "E o que é?"

Empreendedor Rico

"Sabe esses seis meses que você passou no topo do mundo?"

"Sim, sei", respondi.

"Isso foi um vislumbre de seu futuro."

"Um vislumbre?", perguntei. "O que o senhor quer dizer? Um vislumbre de que futuro?"

"Em 1974, quando resolveu seguir meu conselho e não o do seu pai, você iniciou uma trajetória, um processo. Todo processo tem um começo e um fim. Pode levar anos, mas qualquer processo chega ao fim. Um dia, essa enrascada em que você se meteu terminará e começará um novo processo. Você vencerá caso se mantenha fiel a esse processo. Terá mais desafios a enfrentar e lições a aprender durante o processo atual. O processo é tanto de teste quanto de aprendizado. Se for aprovado e aprender a lição, avançará para o novo. Se fracassar e desistir em vez de tentar novamente, o processo irá eliminá-lo. Portanto, esses seis meses de vida boa lhe deram um vislumbre de seu futuro, uma imagem do mundo que procura, um quadro instantâneo do mundo que o espera. Um vislumbre de seu futuro e uma forma de lhe dizer: 'Vá em frente, você está no caminho certo.' Você está recebendo uma injeção de coragem para enfrentar o processo que ainda não começou e a motivação para seguir em frente e continuar aprendendo."

"E como o senhor sabe disso?", perguntei. "O senhor também teve um vislumbre de seu futuro quando precisou?"

Mais uma vez, o pai rico acenou com a cabeça e sorriu.

Um Processo de Dez Anos

A lição do pai rico sobre o que é um processo revelou-se uma das mais importantes que tive na vida. Relembrando o passado, diria que meus processos pessoais duram aproximadamente dez anos e que cada ciclo constitui uma trajetória diferente. Por exemplo:

- **1974 a 1984: o aprendizado**

  Este foi o período em que eu estava aprendendo as habilidades de um empreendedor do mundo real. A época do aprendizado teórico havia terminado e o aprendizado era agora proporcionado pela sabedoria das ruas. Eu cometia erros enormes simplesmente porque ainda tinha muito o que aprender. Durante este período, pratiquei minhas habilidades empresariais, toquei uma empresa que fabricava carteiras de náilon e velcro no Extremo Oriente e as comercializava no mundo todo. Também desenvolvemos pro-

Capítulo 5

dutos de divulgação para bandas de rock como Duran Duran, Van Halen, Judas Priest, Pink Floyd e Boy George. Naquela época, eu estava aprendendo tudo que podia sobre todos os níveis do Triângulo D–I. Era a escola de negócios do mundo real.

- **1984 a 1994: o lucro**
  Durante este período, comecei a ganhar muito dinheiro e também a construir uma base de riqueza. As lições aprendidas a partir dos erros se traduziam em dinheiro. Investindo esse lucro em imóveis, Kim e eu acumulamos não só uma base de ativos que geram renda passiva, como também mais experiência como investidores em imóveis. À época, dediquei-me à minha paixão, que é ensinar empreendedorismo e investimento. Nossa empresa ministrava cursos intitulados "Negócios para Empreendedores" e "Negócios para Investidores". Naquela altura eu combinava a profissão de meu pai pobre, a docência, com as lições que recebi de meu pai rico sobre negócios e investimentos. Foi também nessa época que ampliei minha capacidade no nível comunicação do Triângulo D–I, aprendendo a ensinar de um jeito muito diferente dos métodos tradicionais. Como disse anteriormente, tive que decidir em que nível queria me tornar um especialista. Depois que aprendi os conceitos básicos dos cinco níveis, concluí que o nível em que teria maior probabilidade de desenvolver minhas habilidades era o de comunicação. Aperfeiçoando-me o quanto pudesse nesse nível, mais chances teria de atrair bons profissionais nos outros níveis para formar minha equipe.

- **1994 a 2004: a retribuição**
  Depois que Kim e eu juntamos dinheiro suficiente para sobreviver sem precisar trabalhar, percebi que havia chegado a hora de retribuir. Vendemos nosso negócio educacional e me dediquei a montar um capaz de ensinar as lições do meu pai rico a preços reduzidos. Foi então concebida a *Rich Dad*. Em vez de ensinar através de seminários, que às vezes custavam US$5 mil a cada aluno, resolvi criar o jogo *CASHFLOW*®. Durante esse período, deixei de me concentrar em ganhar dinheiro e comecei a me perguntar: "Como posso ser útil para mais pessoas?" Ironicamente, ganhei mais dinheiro concentrando-me em ser útil do que em lucrar. Em 2004, Kim e eu decidimos que o negócio havia chegado a um ponto no qual precisávamos de auxílio na gestão para levá-lo até o nível seguinte — e que o negócio ainda poderia ir muito mais longe.

Os ciclos de dez anos não foram planejados. As coisas simplesmente aconteceram. Olhando para trás que percebi que esse padrão cíclico fazia sentido.

Hoje tenho a vida que vislumbrei em 1978. A trajetória cumpriu a promessa que me fizera.

A Trajetória É Mais Importante que o Destino

A maioria de nós já ouviu dizer que é importante estabelecer objetivos. No entanto, o pai rico tinha uma ideia diferente em relação aos objetivos. Ele costumava dizer: "Os objetivos são importantes, mas o processo para atingi-los é mais importante do que eles." E explicava: "Quando se pergunta a um grupo de pessoas: 'Quem quer ser milionário?', a maioria levanta a mão. Isso quer dizer que elas têm o objetivo de se tornar milionárias, mas a verdade é que precisam escolher a trajetória que as levará a seu destino. Existem muitas formas de fazê-lo."

Diferentes Processos para Se Tornar um Milionário

O pai rico dizia: "A razão de a trajetória ser mais importante do que o destino é que ela determinará quem você se tornará para atingi-lo." Alguns exemplos para enriquecer são:

- **Herdar dinheiro.**
  A maioria de nós não sabe se vai ou não receber alguma herança — e pode ser muito difícil encontrar alguma pessoa rica que se disponha a adotá-lo.

- **Casar-se por interesse.**
  O problema é que todos nós sabemos no que nos transformamos durante o processo. Trata-se da profissão mais antiga do mundo.

- **Ser avarento.**
  Se ficar rico tornando-se avarento, você continuará sendo avarento quando a trajetória terminar — e o mundo odeia sujeitos ricos e avarentos. Na verdade, os avarentos são os responsáveis por sujar a imagem dos ricos.

- **Ser inescrupuloso.**
  No final do processo, estará cercado de pessoas como você. Os ricos honestos não gostam de pessoas sem escrúpulos.

- **Ter sorte.**
  Existem muitas maneiras de ficar rico por sorte. Você pode ter nascido com algum talento excepcional, como muitos atletas e atores; pode ganhar na

Capítulo 5

loteria; já ter nascido rico; ou pode ainda acontecer de estar no lugar certo no momento certo. Mas se você perder o dinheiro que tiver, terá que contar novamente com a sorte para recuperá-lo.

- **Tornar-se um empreendedor rico.**
Para isso você precisa ser um empresário sagaz. O motivo de eu gostar desta trajetória de enriquecimento é que ela exige que você seja esperto e tornar-se esperto é muito mais importante do que ganhar dinheiro. Se perder o dinheiro, este processo o ensinará a recuperá-lo e o tornará ainda mais astuto.

O Dinheiro Não o Tornará Rico

As loterias entregam frequentemente prêmios de milhões de dólares simplesmente porque há milhões de pessoas querendo ficar ricas por sorte. Acho interessante que esta trajetória de enriquecimento não só é a mais arriscada como também a que oferece menos probabilidade de enriquecimento; como processo, não o torna financeiramente proficiente. Na verdade, ganhar na loteria revela o quão baixa a instrução financeira de uma pessoa é. A seguir estão algumas histórias de pessoas que usaram o processo da sorte para se tornar milionárias.

Duas Vezes Campeã... Morando em um Trailer

"Ganhar na loteria nem sempre é o que se diz por aí", afirma Evelyn Adams, que foi premiada em Nova Jersey não uma e, sim, duas vezes, recebendo um total de US$5,4 milhões. O dinheiro já foi todo gasto e Evelyn mora em um trailer.

"Eu realizei o sonho americano, mas perdi tudo. Foi um tombo vertiginoso. Estou no fundo do poço", afirma ela.

"Todo mundo queria meu dinheiro. Todo mundo estendeu a mão. Eu nunca aprendi uma palavra muito simples: *Não*. Queria ter a chance de começar tudo de novo. Eu seria muito mais esperta", declara Evelyn.

Um Garoto Pobre e Sortudo

Ken Proxmire era maquinista quando ganhou US$1 milhão na loteria de Michigan. Mudou-se para a Califórnia e entrou no negócio de veículos com seus irmãos. Cinco anos mais tarde, declarou insolvência.

"Ele era apenas um garoto pobre que teve sorte", explica Rick, o filho de Ken.

À Base de Vales-Refeição

William "Bud" Post ganhou US$16,2 milhões na loteria da Pensilvânia em 1988, mas hoje sobrevive graças à previdência social.

"Eu gostaria que nunca tivesse acontecido. Foi um pesadelo terrível", afirma.

Uma ex-namorada o processou e ficou com uma parte do prêmio. Não parou por aí. Um dos irmãos de Post acabou sendo preso depois que contratou um assassino de aluguel para matá-lo, na esperança de herdar tudo. Outros parentes o atormentaram até que ele concordou em investir em uma revendedora de veículos e um restaurante, em Sarasota, na Flórida — nenhum dos negócios deu lucro, só serviram para azedar as relações que Post mantinha com os parentes.

Ele acabou até sendo preso e cumprindo sentença por ter dado um tiro acima da cabeça de um cobrador de dívidas.

Em um ano, Post acumulou US$1 milhão em dívidas. Ele admite que foi tanto estúpido quanto descuidado ao tentar agradar seus parentes. Hoje ele vive de aposentadoria e vales-refeição do governo.

E Se Você Perdesse um Bilhão de Dólares?

Anos atrás, um repórter perguntou a Henry Ford, que era bilionário quando um bilhão de dólares valia muito mais do que hoje: "E se o senhor perdesse tudo?" A resposta foi: "Recuperaria tudo em menos de cinco anos." Se você comparar a resposta de Henry Ford às dos ganhadores da loteria, perceberá a diferença entre ficar milionário por sorte e bilionário empreendendo.

Um Ponto a Se Considerar

Depois que fiquei sabendo da resposta de Henry Ford, pergunto-me frequentemente: "Se eu perdesse tudo, quanto conseguiria recuperar em cinco anos?" Se meu passado serve como parâmetro, a cada vez que cheguei à estaca zero — e isso aconteceu inúmeras vezes — voltei a todo vapor, fazendo muito mais dinheiro do que perdera. Não cheguei a fazer um bilhão de dólares como Henry Ford, mas meus negócios costumavam faturar centenas de milhões de dólares. Na minha opinião, o processo empresarial é o melhor para enriquecer porque é também uma maneira educativa de se atingir a riqueza — se tiver paixão, pensamento forte e disposição para isto.

Capítulo 5

Finque os Alicerces

O processo educacional do empreendedor exige que ele conheça e seja experiente nos cinco níveis do Triângulo D–I. Assim que a pessoa atinge certa eficiência nos cinco níveis, a vida se torna incrível.

Precisei praticar por dez anos a sabedoria das ruas antes de conseguir um nível básico de proficiência. Mas será que alguém pode se tornar proficiente mais rapidamente nos cinco níveis do Triângulo D–I? Absolutamente. Um dos motivos que me levou a escrever este livro foi simplesmente informá-lo da existência desses níveis. Se conhecê-los, será mais fácil focar suas atividades de aprendizado e desenvolvimento pessoal a cada nível.

Por que o Fluxo de Caixa É o Nível Básico

A maioria dos aspirantes a empresário se concentra no nível do produto, o mais alto do Triângulo D–I. Embora ele seja importante, uma rápida observação do Triângulo D–I indica que o fluxo de caixa é o nível básico e ocupa a maior área.

Quando iniciei a carreira de empresário profissional, costumava ficar entusiasmado com a busca de novos produtos ou ideias. Foi assim que me atrapalhei todo com o negócio das carteiras de náilon e velcro. Elas foram apenas um dos cinquenta produtos diferentes que levamos em consideração. Algumas das outras ideias foram quebra-cabeças de madeira, sachês de açúcar com motivos havaianos embalados em juta, uma revista e até mesmo doces em uma caixinha com os dizeres: "Faça acontecer." Como se pode ver, nossa capacidade de raciocinar como um pensador C era ilimitada.

Empreendedor Rico

Assim que resolvemos que as carteiras de náilon e velcro seriam nosso produto, três de nós começamos a desenhar a embalagem. Nós três, sendo pensadores C, adoramos fazê-la. Não demorou quase nada para que saíssemos em campo à caça de investidores. A maioria dos investidores procurados foi muito amável e deu-se ao trabalho de analisar nosso produto e a respectiva embalagem. Mas todos que ficaram realmente interessados pediram a mesma coisa: "Posso ver seus dados financeiros? Quais são suas previsões?" E quando descobriam que não tínhamos nada disso, perdiam todo o interesse.

Até meu pai rico nos decepcionou e não foi nada amável. Ele ficou furioso. Expulsou meus dois sócios da sala, fechou a porta e me passou um dos maiores sermões que já levei na vida, tanto dele quanto do meu pai pobre. Já falei desse episódio em outros livros e não vou detalhá-lo, mas a lição merece ser relembrada. E ela é que os números são muito importantes para os investidores e empreendedores bem-sucedidos.

Hoje em dia, mais velho, sábio e muito mais rico, faço a mesma coisa que aqueles investidores fizeram quando me pedem que avalie um novo produto ou negócio — peço para ver os números.

Isso não quer dizer que eu seja muito melhor do que era em 1978 para interpretar ou levantar números. A diferença é que os exijo e, em seguida, peço a alguém que seja treinado em sua interpretação para avaliá-los junto comigo. O nível em que sou especialista é a comunicação e é essa a parte do plano de negócios que avalio cuidadosamente. O fato de ser muito bom em matéria de comunicação e não tão bom em relação ao fluxo de caixa não serve de desculpa para que eu o ignore ou a qualquer outro nível. Como empreendedor e investidor, tenho que conhecer o negócio todo e não apenas as partes que me interessam.

Quando algum aspirante a empreendedor me procura para mostrar um produto novo, a primeira pergunta que faço é: "Você tem as projeções financeiras?" Ou então, quando o negócio já foi implantado, pergunto: "Você tem as demonstrações financeiras?" Mais uma vez, não faço essas perguntas por ser um excelente analista de números, mas as faço a título de teste, para verificar se o candidato sabe o que é necessário para ser empreendedor.

Quando este tem os números ou as projeções reais, peço a alguém que tenha um sólido arcabouço em finanças para que analise os dados. Os números contam uma história e preciso de alguém que saiba interpretá-los para entendê-la. Como empresário, acredito que é muito importante contar a história de seu negócio em números.

Capítulo 5

É Melhor Gastar Agora

Se estiver pensando seriamente em se tornar empresário, um exercício interessante seria contratar um contador experiente para ajudá-lo com o orçamento proposto e a análise do fluxo de caixa. Esse exercício é importante porque lhe dará uma boa noção do quanto custa montar e operar um negócio, mesmo que o produto ou empreendimento não vá em frente. Elaborado o orçamento, você terá uma ideia do quanto terá que vender para sustentar o negócio. O contador experiente também poderá apontar algumas despesas que você ignora. Quisera eu ter feito este exercício antes de montar meu negócio de carteiras de náilon e velcro. Talvez não tivesse perdido tanto dinheiro quanto perdi. O custo de contratação de um contador treinado teria sido uma gota no oceano comparado ao montante que perdi. O principal é que o gasto com o contador será impagável para seu desenvolvimento como empreendedor.

Se você perguntar, a maioria dos contadores certamente lhe dirá que a quase totalidade dos empreendedores desconhece a legislação e as normas contábeis, além de não saber manter registros. Esta falta de exatidão em matéria de números pode eventualmente deixá-los em dificuldades. É esta ignorância que eventualmente acaba lhes custando ainda mais caro. Em outras palavras, é melhor gastar um pouco agora do que muito posteriormente.

Por que Criei um Jogo de Tabuleiro

Uma das razões primordiais para eu ter criado o jogo de tabuleiro *CASHFLOW®* foi a bronca que o pai rico me deu ainda na década de 1970. Durante a maior parte da minha vida, o pai rico foi incisivo sobre a importância dos números e eu achava que realmente os entendia. Foi somente depois que ele me repreendeu e que perdi muito dinheiro que comecei a entender sua ênfase nos números. Hoje, eu o entendo.

Jogos são uma ponte de comunicação entre você e seu contador. Eles não o tornarão um contador. O jogo lhe dará mais familiaridade com as lógicas de um contador profissional, que pensa como T e A.

Se for como eu, fraco em assuntos de contabilidade e números, sugiro fortemente que use o jogo de tabuleiro *CASHFLOW®* como uma ferramenta educativa.

Mais uma vez, recomendo enfaticamente que, antes de pedir demissão, você converse com um contador experiente e estude um orçamento sobre quanto poderão custar a implantação e a operação de seu negócio. Se os números o espantarem, respire fundo e deixe a questão em suspenso durante um ou dois dias. Dê a si mesmo um certo tempo para que sua mente aceite os custos projetados. O custo de implantação ou expansão de um negócio é frequentemente muito maior do que se acreditava originalmente.

Mantenha Seu Emprego

Se os custos previstos o deixarem assustado, talvez você não deva empreender. As despesas elevadas constituem um desafio diário para o negócio e enfrentá-lo é uma das tarefas mais importantes do empreendedor. Isto exige muito poder de raciocínio com um pensador A, T, P e C para solucionar desafios. Pessoalmente, não gosto desses desafios, mas, a cada vez que os encarei, tornei-me melhor, mais sábio e confiante como empreendedor.

Mostre-me os Números

Quando aspirantes a empresários procuram dinheiro, enquadram-se em duas categorias.
1. Os que têm um plano de negócio e projeções financeiras
2. Os que não têm nada

Quando alguém me procura de mãos vazias, percebo que a pessoa ainda está nos estágios iniciais do processo ou não tem a mínima ideia do que está fazendo, comumente ambos. Quem fala apenas do produto sem apresentar quaisquer projeções financeiras não refletiu ainda sobre o processo. Quando eventualmente me interesso pelo caso, sugiro que a pessoa volte à prancheta de desenho, use o Triângulo D–I como guia, contrate um contador para ajudá-la e só então me procure de novo, com um plano de negócios que inclua um conjunto adequado de projeções.

Um Passo para Levantar Capital

Sempre que alguém me pergunta: "Como posso levantar capital para meu negócio?", respondo: "Você tem um plano de negócios?" Um bom plano e apresentação consistente podem ajudá-lo a levantar o dinheiro de que precisa. Um plano falho e uma apresentação inadequada podem fazê-lo perder dinheiro.

Isso não quer dizer que os números do plano de negócios sejam sagrados. Os resultados financeiros da maioria das startups normalmente não seguem o plano nem correspondem exatamente às projeções. O processo de criação de um plano de negócios incluindo projeções é um processo de raciocínio A e T que obriga o empreendedor a

Capítulo 5

imaginar o negócio mais detalhadamente antes de colocá-lo em prática. Lembre-se de que o negócio bem-sucedido é criado antes mesmo de começar a existir.

O plano não precisa ser minucioso; na verdade, pode ser bastante simples. O plano simplesmente permite que os investidores em potencial entendam o raciocínio do empreendedor. Além disso, também permite que os investidores entendam que a pessoa está sendo séria acerca do negócio proposto.

Novamente, mesmo que o negócio não engrene, seu processo de criação colocado no papel e comparado com números que contam a mesma história é um excelente exercício e cotejo com a realidade. É o que permite começar a contrapor a teoria com a sabedoria das ruas.

Conte-me uma História

Alguns anos atrás, um homem ainda jovem me telefonou querendo marcar uma entrevista presencial. Quando perguntei a finalidade, ele disse: "Tenho uma proposta de negócio que gostaria de apresentar ao senhor."

"Você está buscando capital?", perguntei abertamente.

Ele fez uma pausa e disse, hesitante: "Sim, estou."

Normalmente não analiso negócios ainda em estágio inicial, mas fiquei curioso e combinamos de almoçar juntos.

Encontrei o homem uma semana mais tarde, em um restaurante local. O candidato a empreendedor estava muito bem-vestido e havia elaborado um plano de negócios muito bem-apresentado. Como já disse, não sou bom em matéria de números, mas faço o melhor que posso para entender a história contada por eles. A primeira coisa que olho é a projeção financeira referente a salários e remunerações. Para mim, é onde a história começa.

O homem havia previsto para ele um salário anual de US$120 mil. A primeira coisa que perguntei foi: "Por que precisa de tudo isso se o negócio ainda nem existe?"

"Bem, é isso que ganho atualmente na empresa em que trabalho", respondeu ele um pouco exaltado. "Além disso, tenho mulher e três filhos em idade escolar. Isso é o mínimo de que preciso para nos sustentar."

"Entendo", falei e continuei olhando o plano de negócios. Como já disse, o plano e as projeções financeiras contam toda uma história. O valor do salário me revelou o caráter do herói daquela trama, permitindo que eu tivesse uma imagem de seu cérebro, da maneira como pensava e gastava dinheiro e das prioridades de sua vida pessoal.

Observando o salário que ele requeria e compreendendo sua maneira de pensar, percebi que ele ainda pensava como empregado, procurando uma remuneração estável. No que cabia a mim, a conversa estava encerrada. Eu já havia visto o suficiente apenas conhecendo o herói da história. Sabia que não iria investir no empreendimento que ele propunha.

Demonstrações Financeiras e o Triângulo D–I

Como ainda não havíamos feito o pedido e eu continuava na obrigação de ser educado, examinei as outras despesas e a maneira como se relacionavam ao Triângulo D–I. Em outras palavras, comecei a raciocinar como um pensador P. Tinha que entender quem era aquela pessoa sentada à minha frente. Em seguida, coloquei em funcionamento as mentalidades C, A e T, querendo estabelecer a relação entre as demonstrações financeiras e os cinco níveis do Triângulo D–I.

O diagrama em minha mente se assemelhava a este:

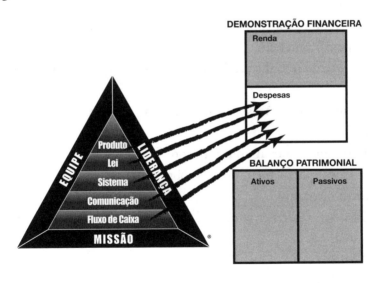

Minha pergunta seguinte foi: "O que faz atualmente no negócio em que trabalha? Qual seu emprego?"

"Sou engenheiro mecânico", respondeu. "Presto atendimento aos clientes — rastreio seus pedidos através de nosso sistema. Foi assim que desenvolvi meu produto. Deixe-me falar sobre ele."

Capítulo 5

"Espere um pouco", falei. "Tenho algumas dúvidas quanto às previsões." Apontei o tópico "Publicidade e Promoção" e perguntei: "O que é esta despesa de US$10 mil por mês? Como é seu plano de marketing?"

"Ah, ainda não pensei muito nisso. Pretendo contratar uma agência e encarregá-la de nosso marketing."

"Você tem uma experiência sólida em vendas ou marketing?", perguntei.

"Não, não tenho", respondeu. "Passei a maior parte da minha carreira trabalhando nos sistemas internos de um negócio. Foi assim que tive a ideia do meu novo produto. Ele vai revolucionar o rastreio dos pedidos."

"Você já conversou com algum advogado de patentes para proteger sua ideia?"

"Bom, andei procurando, mas ainda não encontrei nenhum."

"Seu plano reserva apenas US$4 mil para despesas de advocacia. Por quê?"

"Bom, não quero gastar muito. Mais tarde, quando o dinheiro começar a entrar, contratarei mais advogados. Por enquanto, acho que US$4 mil são o bastante para que eu possa começar."

"E quem o ajudou a elaborar essas previsões?", perguntei. "Não vejo nada aqui referente a despesas contábeis."

"Nossa, você tem razão. Esqueci isso. Quanto acha que devo reservar para pagar um contador?"

"Não sei", respondi, "não sou contador. Mas se quiser realmente saber, deve consultar um."

"Como posso encontrar um que seja bom?"

"Você pode ligar para o meu, mas ele cobra caro e talvez seja mais do que precisa em um primeiro momento."

"Ah", disse o aspirante a empreendedor. "Estou tentando não gastar muito. Vou procurar um mais barato."

Falta de Prática

Embora o diálogo não represente nenhuma análise aprofundada, eu já tinha ouvido tudo de que precisava. Acabei dando uma olhada no tal produto, o que nunca teria acontecido se meu interlocutor tivesse sido orientado por um advogado de patentes. Ele não me fez assinar nenhum documento de sigilo — uma indicação suficiente de que aquele aspirante a empreendedor não tinha nenhuma experiência no mundo real.

A Lição que Aprendi

Se eu tivesse gostado do produto, poderia simplesmente roubar a ideia e lançá-la no mercado. Como digo isso? Infelizmente, aquela era uma lição que eu já sabia porque havia cometido o mesmo erro que meu interlocutor. Em 1977, eu deveria ter patenteado minha carteira de náilon e velcro, mas preferi economizar alguns dólares e não contratei um advogado de patentes.

Foi por isso que depois que idealizei o jogo *CASHFLOW*® falei sobre ele apenas com Kim e meu desenvolvedor. A primeira pessoa que procurei após isso foi um advogado especializado em propriedade intelectual.

Este é mais um exemplo de como se transforma o azar em sorte. O meu azar, causado pela inexperiência e pela mesquinhez de não patentear as carteiras de náilon e velcro me fizeram perder posteriormente milhões de dólares. Aquele azar se transformou em sorte quando aprendi com meu erro e patenteei o jogo de tabuleiro *CASHFLOW*®.

Um dos motivos de lei ficar exatamente acima do nível produto no Triângulo D–I é que as ideias do empreendedor são com frequência o ativo mais importante do negócio. A tarefa do advogado é proteger a empresa, seus produtos e propriedades intelectuais — *antes* mesmo de existir um negócio ou produto. Você precisa proteger suas ideias, seu principal ativo.

Dizer Não

O jovem engenheiro tinha boa aparência. Parecia um líder empresarial bem-sucedido. O produto que ele desenvolvera parecia promissor. No entanto, eu disse: "Não, acho que não vou investir em seu negócio." O nível fluxo de caixa do Triângulo D–I havia revelado os pontos fortes e fracos do aspirante a empreendedor. Na verdade, eu não recusei o produto ou suas ideias. Eu disse não a ele mesmo. Ele ainda tinha muita lição de casa a fazer.

Apesar de o produto parecer promissor, a história do novo empreendedor não parecia. Pode até ser que ele tenha tido sucesso, mas tenho cá minhas dúvidas. Caso tivesse sucesso, eu duvidaria que tivesse capacidade de ampliar o negócio até um ponto em que, como investidor, poderia recuperar meu dinheiro. Assim, declinei de investir no negócio.

Capítulo 5

Não Existem Investimentos Ruins

Meu pai rico costumava dizer: "Não existem investimentos ruins, mas existem muitos maus investidores." E complementava: "Não existem oportunidades de negócio ruins, existem maus empreendedores." Na minha opinião, aquele jovem engenheiro tivera uma grande ideia sobre um novo produto, no entanto, suas ideias acerca de negócios não eram compatíveis.

O que o pai rico queria colocar em nossas cabeças era que o mundo está cheio de oportunidades multimilionárias. O problema é que existem mais oportunidades multimilionárias do que empreendedores multimilionários. É por isso que o nível fluxo de caixa é tão importante. A história que ele conta não é a da oportunidade e, sim, a do empreendedor. Isso se aplica especialmente à fase de criação do negócio, quando ainda não existe um negócio propriamente dito.

Sinais de Alerta

Um dos motivos de o gerente do seu banco não pedir para ver seus boletins escolares e nem mesmo saber em que você se formou é que o banco não se interessa por sua inteligência acadêmica. O que ele quer saber é o nível de sua inteligência financeira, que indica até onde você é financeiramente responsável — quanto ganha, gasta e consegue poupar. Analisando projeções financeiras ou, melhor ainda, demonstrações financeiras de negócios já existentes, aprendi a procurar indicações semelhantes. Observando os números, projetados ou reais, percebo certas coisas que são verdadeiros sinais de alerta para mim.

Alerta #1: salários extravagantes

Você já deve ter notado o destaque que dou a este alerta. Isso me diz muito sobre o empresário. É uma das coisas que me diz o que é mais importante para o empreendedor: o negócio ou sua vida particular. Vezes sem conta conheci empreendedores que violentavam, exauriam e torturavam seus negócios em vez de alimentá-los e nutri-los. Um de meus amigos prestava consultoria para uma empresa de manutenção de edifícios em Denver que estava enfrentando problemas de fluxo de caixa. O negócio firmara excelentes contratos com edifícios comerciais e residenciais, comprometendo-se a manter as áreas de estacionamento varridas no verão e livres de neve no inverno. Com reduzidos custos fixos e elevadas margens de lucro, o negócio deveria supostamente estar muito bem. No entanto, estava sempre em dificuldades financeiras.

Após análise mais detida, meu amigo descobriu que o dono mantinha caríssimos chalés de inverno em Vail e Aspen, equipados com todas as mordomias que se pode querer. Além disso, a empresa tinha veículos de luxo e dava festas espetaculares, tudo à custa da empresa. Para piorar ainda mais as coisas, o dono andava mentindo para a Receita Federal e para a Secretaria da Fazenda e seus estratagemas constituíam mais evasões fiscais do que isenções.

Quando meu amigo recomendou que vendesse os chalés e os veículos, reduzisse os gastos e contratasse uma empresa de contabilidade renomada capaz de conseguir misericórdia das autoridades fiscais, o dono do negócio o despediu, porque continuava achando que havia algo de errado com o negócio. Este é um belo exemplo de empreendedor que coloca suas necessidades acima das necessidades do negócio. Os balanços de um negócio contam tanto sua história quanto a do empreendedor.

Alerta #2: dívidas boas e ruins

Esta foi uma das lições mais importantes que o pai rico nos deu. Ele dizia: "O motivo de tantas pessoas serem pobres é que não sabem gastar. Em outras palavras, há despesas justificáveis e injustificáveis." E ia em frente: "Os ricos são ricos porque gastam de um jeito que os torna ricos. Os pobres são pobres porque gastam de um jeito que os deixa pobres." Em relação ao empreendedorismo, ele dizia: "A maioria das pessoas nunca saberá empreender porque até sabe poupar, mas não gasta com inteligência."

Uma das armadilhas de meu negócio de carteiras de náilon e velcro para surfistas foi minha vontade de economizar e não gastar US$7 mil com um bom advogado de patentes. Essa economia de alguns milhares de dólares me custou um negócio que poderia ter rendido milhões de dólares. Mas a lição que aprendi foi que é necessário gastar o dinheiro que vai fazer mais dinheiro.

A amiga de uma amiga minha sempre enfrentou dificuldades com seu negócio. Durante um almoço, ela me contou que estava gastando US$50 mil na nova decoração de seu apartamento. Quando perguntei se o apartamento era dela, a resposta foi: "Não. Não tenho dinheiro bastante para dar de entrada e, sendo assim, alugo." Quando ironizei o fato de ela gastar tanto dinheiro em um apartamento que não lhe pertence, ficou irritada: "Bem, preciso de um bom lugar para morar." Naquele momento, percebi o que havia ocasionado suas dificuldades financeiras. Ela gastava de maneira estúpida.

Capítulo 5

Um dos motivos de o triângulo ter sido batizado em função dos lados D e I do quadrante CASHFLOW é que as pessoas que se encaixam neles têm que saber como gastar dinheiro e conseguir retorno com dividendos consideráveis. Um dos motivos de as pessoas dos quadrantes E e A enfrentarem dificuldades como empreendedores é que sabem como trabalhar para ganhar dinheiro, mas não sabem gastá-lo nem o recuperar acrescido de dividendos. A capacidade de gastar dinheiro e recuperá-lo é fundamental para os empreendedores e investidores dos quadrantes D e I.

O mercado imobiliário cresceu muito entre 1997 e 2005. Apesar desse crescimento, conheci muita gente que investiu em imóveis e não conseguiu ganhar dinheiro. Para mim, isso é um sinal de que essas pessoas não sabem como gastar dinheiro e recuperá-lo acrescido de mais dinheiro. Essas pessoas talvez não sejam boas empreendedoras ou tenham que aperfeiçoar suas habilidades. É isso o que procuro quando analiso os números de um negócio, a capacidade de gastar dinheiro e de recuperá-lo. Esta é a habilidade fundamental.

Alerta #3: o dinheiro fala

O pai rico costumava dizer: "Há uma grande diferença entre negócio e ócio. A maioria das pessoas não é boa empreendedora porque é preguiçosa demais para sair de sua zona de conforto, trabalha muito, mas não ganha dinheiro. O empreendedor tem que ganhar dinheiro e transformá-lo em fluxo de caixa no nível do Triângulo D–I."

Alguns anos atrás, li uma matéria sobre um casal que fora demitido. Ambos eram executivos de marketing altamente remunerados pagos por uma grande empresa de Nova York, chegando a receber mais de US$250 mil de renda mútua. O casal montou um negócio de assessoria de marketing que rendeu menos de US$26 mil no primeiro ano. Por quê? Desconfio de que uma das razões tenha sido que, como empregados altamente remunerados, nunca foram responsáveis por lucros e perdas da empresa em que trabalhavam, responsabilidade esta que foram obrigados a assumir integralmente ao montar o próprio negócio. Os dois descobriram que suas habilidades de marketing no mundo empresarial não se traduziam em sucesso financeiro fora daquele universo.

O casal subitamente descobriu que ser dono de um negócio não significa simplesmente trabalhar muito e estar sempre ocupado. Ser dono de um negócio significa que o que você faz aparece diretamente na linha de lucros e perdas, como dinheiro ganho ou perdido. O pai rico na certa diria: "Um empregado pode ganhar para se manter ocupado. Um empreendedor ganha em função dos resultados." Resultado significa lucros e perdas e é por isso que o fluxo de caixa forma a base do Triângulo D–I. Como diria o pai rico: "As desculpas não precisam ser depositadas em sua conta bancária."

Do meu ponto de vista, alguns alertas indicam que o empreendedor está estagnado em algum ponto do processo de desenvolvimento. Será que ele vai aprender com o processo ou continuar emitindo sinais de perigo?

Os sinais de alerta ocorrem tanto nos negócios quanto na vida da pessoa. Tenho observado que a vida pessoal também emite avisos sempre que a pessoa empaca em seus processos. As advertências podem ser problemas de saúde, má sorte ou maus relacionamentos. O pai rico dizia: "Os sinais de alerta são advertências. Você pode optar entre aprender e acatá-las ou ignorá-las. Se não acatar uma advertência, o processo pode se virar contra você e dar origem a outro."

Meu pai pobre fumava entre dois e três maços de cigarro por dia. Os sinais de alerta surgiram durante quase todo o tempo em que ele viveu. Ele não acatou as advertências e contraiu câncer no pulmão. Finalmente, parou de fumar, mas era tarde demais. Havia terminado um processo e começado outro. E essa foi uma batalha que acabou perdendo um ano mais tarde.

Seja Analítico

Existe um velho e repetido ditado que diz: "O dinheiro fala e quem tem juízo se cala." O lugar em que o dinheiro fala mais alto é na coluna de despesas da demonstração financeira. O empreendedor não tem que ser um analista, mas tem que ser analítico.

Antes de se tornar um empreendedor rico, tenha duas coisas em mente:

1. Empregados e consultores não são responsáveis por lucros ou perdas. Os empreendedores, sim.

2. Quando você observa o quadrante CASHFLOW, nota que as pessoas dos quadrantes E e A não precisam de demonstrações financeiras. Entretanto, as dos quadrantes D e I têm que elaborá-las. Por quê? Porque o dinheiro fala e a história que conta é se o indivíduo do quadrante D ou I é ou não

Capítulo 5

sagaz em questões financeiras. Esses indivíduos são avaliados em função do sucesso financeiro nos quadrantes D e I.

Pense como um CFO

Se deseja desenvolver suas habilidades financeiras no nível fluxo de caixa no Triângulo D–I, recomendo fortemente que adquira o jogo de tabuleiro *CASHFLOW*® e que o jogue com regularidade. O jogo o ensina a pensar como um CFO, um *chief financial officer* (diretor financeiro), um membro importante de uma equipe corporativa.

A Culpa É do Empreendedor

Um CEO ou empresário não podem culpar os outros. É feio inventar desculpas ou incriminar os subordinados. A responsabilidade máxima é sempre do empreendedor ou do presidente. É por isso que o nível do fluxo de caixa é a base do Triângulo D–I. É nele que reside a responsabilidade. Como empreendedor, você será o responsável máximo por todo o Triângulo D–I. Sendo assim, antes de pedir demissão de seu emprego, tenha sempre em mente que você é o responsável máximo pelo negócio e que o dinheiro fala.

LIÇÃO DO MUNDO REAL #6
A Chave do Segredo Está em Seu Coração, Não na Cabeça

Capítulo 6

OS TRÊS TIPOS
DE DINHEIRO

"O que você aprendeu no Vietnã?", perguntou-me o pai rico.

"A importância de missão, liderança e equipe", respondi.

"E o que é mais importante?"

"A missão."

"Certo", concordou o pai rico. "Você será um bom empreendedor."

Um Fuzileiro Novato

No começo de 1972, eu pilotava um helicóptero de combate Huey UH-1 no Vietnã. Depois de dois meses na zona de guerra, meu copiloto e eu já havíamos cumprido algumas missões, mas ainda não tínhamos enfrentado fogo inimigo. Isso logo iria mudar. No dia em que finalmente enfrentei o inimigo, as coisas já estavam bastante tensas para mim. Voávamos com as portas abertas e o vento ecoando através da aeronave. Olhando para o porta-aviões que havíamos deixado, pensei pela enésima vez que aquele era nosso lar, que eu estava em uma zona de guerra e meus dias de treinamento haviam acabado. Eu fora treinado para aquelas missões durante dois anos.

Eu sabia que, a cada vez que cruzávamos a linha-d'água e voávamos sobre terra firme, havia soldados inimigos esperando por nós lá embaixo, paramentados com armas e munição de verdade. Virando-me para observar minha tripulação, dois artilheiros de metralhadora e um chefe de equipe, perguntei pelo comunicador: "Vocês estão prontos?" Sem abrir a boca, eles simplesmente levantaram os polegares.

Capítulo 6

Minha tripulação sabia que eu era um calouro, ainda não havia sido testado. Eu podia pilotar, mas eles ignoravam como eu me sairia sob a pressão do combate.

Havia inicialmente dois helicópteros na missão, mas o líder teve que retornar ao porta-aviões depois de vinte minutos de voo por problemas elétricos. O comando da missão, que ficara no porta-aviões, ordenou que seguíssemos em frente e ficássemos de prontidão na área. Podia-se sentir a tensão aumentando em nosso helicóptero, porque os pilotos mais experientes estavam no helicóptero líder. Aqueles pilotos já estavam em combate há mais de oito meses. Além de tudo, era o outro helicóptero que tinha os mísseis. O meu só tinha as metralhadoras. Conforme o líder fez uma volta e dirigiu-se para o porta-aviões, a ansiedade em nossa aeronave se tornou quase palpável. Nenhum de nós estava gostando nada de estar ali sem escolta.

Passamos sobre algumas das praias mais belas do mundo e dirigimo-nos para o Norte. Tínhamos arrozais verdes à esquerda, o mar azul-esverdeado à direita e areias brancas abaixo de nós. De repente, o rádio transmitiu um apelo de dois helicópteros do Exército pedindo socorro. Os dois estavam lutando contra uma metralhadora calibre .50 nas colinas que ficavam para lá dos arrozais. Respondemos e começamos a voar naquela direção. Voando pouco abaixo das nuvens, vimos logo os dois helicópteros duelando com a metralhadora no solo. Havia ainda muita fuzilaria de armas de pequeno calibre, vinda dos soldados inimigos espalhados na área. Era fácil diferenciar os disparos das armas calibre .30 dos soldados e os da metralhadora calibre .50. O fogo das balas rastreadoras das armas calibre .30 formava pontos vermelho-alaranjado que ziguezagueavam em nossa direção contra o céu azul-escuro. O fogo do calibre .50 era como setas voadoras. Respirei fundo e continuei pilotando a aeronave.

Observando a batalha enquanto nos aproximávamos, eu rezava para que os helicópteros do Exército destruíssem o ninho da metralhadora e não precisassem da nossa ajuda. Ledo engano. Quando um dos helicópteros do Exército foi atingido e despencou, percebi que íamos tomar parte na batalha. A tensão em nossa aeronave aumentou ainda mais, conforme o helicóptero atingido desceu em espiral até o terreno. Olhando minha tripulação, eu disse: "Destravem as armas. Vamos entrar." Eu não sabia o que fazer. Sabia simplesmente que tínhamos que nos preparar para o pior.

O outro helicóptero do Exército interrompeu a luta e desceu para recolher a tripulação do helicóptero atingido. E lá ficamos nós — uma só aeronave equipada com metralhadoras calibre .30, em vias de enfrentar uns quinze soldados e uma metralhadora calibre .50. O que eu queria mesmo era dar a volta e fugir, sabia que era a coisa mais inteligente a fazer. No entanto, não querendo parecer covarde perante meus homens, continuei voando na direção à metralhadora, fazendo das tripas coração e rezando pelo melhor.

Com os dois helicópteros do Exército fora do caminho, o fogo terrestre voltou--se contra nós. Embora ainda estivéssemos longe, nunca esquecerei a visão daquela fuzilaria vindo em nossa direção. O período de treinamento tinha mesmo acabado.

Minha tripulação já estivera em situações semelhantes. Seu silêncio me disse que estávamos em maus lençóis. Quando as primeiras balas calibre .50 passaram perto, o chefe da equipe bateu no meu capacete, retirou-o e, quando ficamos cara a cara, falou: "Tenente, o senhor sabe o que é ruim neste serviço?"

Meneando a cabeça, eu disse baixinho: "Não."

Abrindo um amplo sorriso cheio de dentes, o chefe, que já cumpria um segundo período no Vietnã, disse: "O problema deste serviço é que não há segundo colocado. Se o senhor resolver abrir combate, nós ou aqueles homens lá embaixo vamos para casa. Mas uns vão e os outros não. Nós ou eles vamos morrer. Você resolve quem — nós ou eles."

Observando meus artilheiros, um jovem de dezenove anos e outro de vinte, perguntei através do comunicador: "Vocês estão preparados?" Os dois levantaram os polegares, do jeito que todos os bons Fuzileiros Navais são treinados a fazer. Estavam prontos. Os fuzileiros são treinados para cumprir ordens, independentemente de o líder ser ou não competente. A percepção de que a vida da tripulação estava em minhas mãos não me fez sentir nem um pouco melhor. Naquele momento, parei de pensar só em mim mesmo e comecei a pensar em nós todos.

Gritei em silêncio comigo mesmo: "Pense. Devemos nos virar e fugir ou lutar?" E então minha cabeça começou a dar desculpas para fugirmos: "Vocês estão sozinhos. Deve haver pelo menos duas aeronaves. Não tem uma regra dizendo que só se deve travar combate quando houver duas aeronaves? O líder da missão sumiu. Quem tinha os mísseis era ele. Ninguém vai nos censurar se dermos meia-volta e formos embora. Talvez possamos pousar e ajudar os helicópteros do Exército. É isso, vamos ajudá-los. Assim não teremos que cumprir esta missão. Teremos uma desculpa para não entrar em combate. A missão passará a ser de resgate. Salvaremos aqueles homens do Exército. É, parece a coisa mais certa."

Então, me perguntei: "E se por milagre vencermos? E se derrotarmos aquela .50? O que ganharemos com isso?"

Capítulo 6

Lá veio a resposta: "Talvez ganhemos alguma medalha por bravura. Seremos heróis."

"E se perdermos?"

A segunda resposta pesou: "Seremos mortos ou capturados."

Olhando novamente para meus artilheiros, concluí que suas vidas valiam mais do que uma medalha pendurada em uma fita. A minha também, admiti para mim mesmo. Não tinha sentido ser corajoso e estúpido.

As balas calibre .50 estavam passando mais perto. O artilheiro no solo estava melhorando de pontaria a cada rajada. Havíamos aprendido que os projéteis calibre .50 têm maior alcance que os .30. Nossas metralhadoras eram .30. Isso significava que eles conseguiriam nos atingir antes que os atacássemos. De repente, uma rajada passou bem perto do helicóptero. Inconscientemente, virei a aeronave para a esquerda e comecei a descer, querendo aumentar a distância que nos separava do artilheiro inimigo. E já que havia agido sem pensar, decidi que era hora de começar. Voar reto na direção da metralhadora seria morte certa. Enquanto nossa aeronave descia em uma curva fechada para a esquerda, usei o rádio e pedi a quem estivesse na área: "Aqui é o helicóptero da marinha Yankee-Tango 96. Localizamos calibre .50. Precisamos de ajuda."

Vinda do nada, uma voz clara e confiante irrompeu nos meus fones de ouvido. "Yanque-Tango 96, aqui é uma esquadrilha de quatro A-4s da Marinha VPB (voltando para a base), com ordens adicionais e combustível suficiente. Indique sua posição que vamos ajudá-los."

O alívio percorreu minha tripulação conforme informava nossa posição. Em alguns minutos, vimos os quatro jatos voando baixo e indo nos ajudar. No momento em que nos viu, o líder da esquadrilha transmitiu: "Vire na direção inimiga antes que nos aproximemos muito e veja se consegue atrair o fogo do inimigo. Faremos o resto assim que enxergarmos as balas rastreadoras." Ouvindo isso, virei a aeronave e voei novamente na direção daquele calibre .50. Assim que as balas rastreadoras recomeçaram a vir em nossa direção, o líder da esquadrilha transmitiu: "Alvo na mira." Em menos de cinco minutos a metralhadora deixou de ser um problema. Minha tripulação e eu voltaríamos para casa naquela noite.

Equipes Diferentes, a Mesma Missão

Sentei-me muitas vezes em silêncio, pensando naquele dia. Embora houvesse lhes agradecido pelo rádio quando o combate terminara, ainda hoje gostaria de ter

Empreendedor Rico

a chance de conhecer pessoalmente aqueles soldados, apertar suas mãos e lhes dizer: "Obrigado." Nós éramos de tripulações e equipes diferentes, mas todos compartilhávamos a mesma missão.

Todas as guerras são horríveis. Elas mostram a pior face dos homens. É na guerra que usamos nossa melhor tecnologia e as pessoas mais corajosas para matar outras. Durante o ano que passei no Vietnã, vi o pior do gênero humano. Vi coisas que gostaria de nunca ter visto. Tive também vislumbres de um poder espiritual, uma dedicação a um chamado mais elevado, que nunca teria presenciado se não tivesse ido à guerra. Quando se usa a expressão *band of brothers* ("equipe de irmãos", em tradução livre) para descrever o vínculo que se forma entre os soldados, imagino se alguém que nunca lutou em uma guerra conseguirá algum dia entender esta união. Para mim, é um vínculo espiritual para um chamado maior — algo conhecido como missão.

Além das Palavras

Hoje em dia é muito elegante discursar sobre a missão, que supostamente seria a única finalidade de se constituir um negócio. Depois de minha experiência nos Fuzileiros Navais e no Vietnã, mantenho-me cético a cada vez que alguém diz: "A missão de nosso negócio é…" Esse ceticismo me leva a imaginar o quanto a palavra *missão* pode ser apenas isso — uma palavra.

A Missão Mais Forte Vence

Certo dia, estava pilotando perto da Zona Desmilitarizada (ZDM) que antigamente separava o Vietnã do Norte do Vietnã do Sul. Observando a carnificina a meus pés, notei uma coisa que me perturbou profundamente. Voltando para o porta-aviões naquela noite, levantei a mão durante a reunião para o balanço da missão e perguntei: "Por que os vietnamitas do Norte lutam melhor que os do Sul? Será que não estamos combatendo do lado errado? Será que estamos lutando pela causa errada?"

É quase desnecessário dizer que ameaçaram me levar a uma corte marcial por haver dito algo que parecia quase traição. Do meu ponto de vista, eu não estava traindo nada. Estava só fazendo uma pergunta. Estava apenas expressando uma coisa que havia percebido, algo que eu notara desde que chegara ao Vietnã. Aparentemente, os guerrilheiros do vietcongue e os soldados do Vietnã do Norte

Capítulo 6

lutavam com mais obstinação, força e tenacidade que os nossos. Da minha perspectiva, os soldados vietnamitas que lutavam a nosso lado aparentemente não eram tão engajados. Pessoalmente, eu achava que não podíamos contar com eles. Sempre me perguntei se continuariam lutando caso deixássemos de remunerá-los para combater.

Justiça seja feita, havia também muitos soldados norte-americanos que não estavam lá para guerrear. Muitos eram recrutas que tiveram o azar de ser convocados. Se pudessem escolher entre uma passagem para casa e ficar e combater, muitos se apressariam a embarcar.

Lá pela metade de meu tempo de serviço, percebi que não íamos ganhar. Não íamos ganhar, mesmo estando mais bem equipados e contando com a melhor tecnologia, um avassalador poder de fogo, mais bem-remunerados e pessoal treinado. Eu sabia que não ganharíamos simplesmente porque o nosso lado, tanto sul-vietnamitas quanto norte-americanos, não tinha uma missão suficientemente poderosa, não atendia a um chamado e não via razão para lutar. Havíamos perdido o ânimo. Pelo menos eu havia perdido o meu. Não queria matar mais ninguém, não era mais um bom Fuzileiro Naval.

Minha experiência no Vietnã provou que a missão mais poderosa vence. Acontece a mesma coisa nos negócios.

Um Voto de Pobreza

Quase todo mundo sabe que os religiosos fazem votos de pobreza visando fortalecer sua missão espiritual. Quando eu ainda era um menino, meu pai me contou que um amigo dele, um padre católico, havia feito voto de pobreza. Quando perguntei o que era aquilo, falou: "Ele consagrou a vida a Deus e ao trabalho de Deus. Isso significa que o dinheiro não faz parte de sua vida. Ele leva uma vida austera a serviço de Deus."

"O que quer dizer *austera*?", perguntei.

Cansado dos milhões de perguntas que as crianças fazem, meu pai pobre respondeu: "Não queira saber o que *austera* quer dizer. Você entenderá mais tarde."

Alguns anos depois, descobri o que *austeridade* significava. Assistindo a uma aula de formação de oficiais dos Fuzileiros Navais, o instrutor explicou à classe que, ao longo da história, guerreiros também haviam feito votos de pobreza. E contou: "Nos tempos feudais, muitos cavaleiros faziam voto de pobreza para estar à altura do chamado. Não queriam que dinheiro ou bens materiais interferissem na dedicação que tinham a Deus e ao rei."

Antes de me alistar nos Fuzileiros Navais, eu havia sido oficial em um petroleiro da *Standard Oil*; ganhava mais de US$4 mil por mês, o que era muito dinheiro em 1969. Apesar de estar isento da obrigação de me alistar, uma vez que navegava para o setor petroleiro, classificado como indústria vital não defensiva, meus dois pais me incentivaram a servir meu país em uma época de guerra. Meu salário como oficial dos fuzileiros caiu para menos de US$300 por mês. Sentado naquela sala de aula e ouvindo o instrutor dizer que homens e mulheres haviam feito voto de pobreza ao longo de toda a história humana, descobri finalmente o sentido da palavra *austero*, a definição que meu pai pobre não me dera alguns anos atrás.

Três Tipos de Renda, Três Tipos de Dinheiro

Os três tipos de renda são estes:
1. Renda auferida
2. Renda de portfólio
3. Renda passiva

Meu pai pobre trabalhava por renda auferida, a mais taxada que existe. Meu pai rico, principalmente por renda passiva, a menos taxada das três. Essas definições vêm da Receita Federal, que taxa cada forma de receita com uma alíquota diferente. O empreendedor tem oportunidade de ganhar os três tipos de renda e precisa entendê-las, porque as respectivas alíquotas fazem uma enorme diferença em termos de ganhos líquidos. Menciono os três tipos de renda não para confundi-lo, mas para que saiba diferenciá-los dos três tipos de dinheiro de que vou falar.

Enquanto cursávamos o Ensino Médio, o pai rico explicou a mim e a seu filho que as pessoas trabalham por três tipos diferentes de dinheiro. São eles:
1. Dinheiro competitivo
2. Dinheiro cooperativo
3. Dinheiro simbólico

Dinheiro Competitivo

Para explicar o que é dinheiro competitivo, ele dizia: "Aprendemos a competir desde cedo. Competimos na escola para ver quem tira as melhores notas, compe-

Capítulo 6

timos nos esportes e pela pessoa que amamos. No trabalho, aprendemos a competir por cargos, aumentos, promoções, reconhecimento e sobrevivência corporativa. Nos negócios, as empresas competem por clientes, fatia de mercado, contratos e bons empregados. A competição representa a sobrevivência do mais adaptado, a tal 'lei de seleção natural'. A maioria das pessoas trabalha por dinheiro competitivo."

Dinheiro Cooperativo

Para esclarecer o que é o dinheiro cooperativo, falava: "Em matéria de esportes e negócios, a cooperação é chamada de trabalho em equipe. Os empreendedores mais ricos e poderosos construíram seus impérios mundiais de forma solidária. Eles conseguem posições melhores no mercado devido à cooperação de suas equipes. A maioria dos empresários de grandes empresas é um grande líder de equipe."

Dinheiro Simbólico

Foi um pouco mais difícil esclarecer o conceito de dinheiro simbólico. "Ele é gerado realizando-se o trabalho de Deus — o que Ele quer que façamos. É o trabalho feito em atendimento a um chamado mais elevado."

Como não entendi o que ele quis dizer, perguntei: "O senhor quer dizer algo como fundar uma igreja?"

A resposta foi: "Existem empreendedores que fundam igrejas, assim como há os que fundam instituições de caridade. Ambos são exemplos do trabalho realizado em prol do dinheiro simbólico, mas ele não se restringe apenas a igrejas ou instituições de caridade."

Esta categoria de dinheiro me intrigou anos a fio e discutia frequentemente o assunto com meu pai rico. Durante uma dessas discussões, ele disse: "A maioria das pessoas trabalha por dinheiro — e nada mais. Não se importam em saber se o dinheiro é competitivo, cooperativo ou simbólico. Muitos acreditam que trabalho e dinheiro são apenas meios de se chegar a um fim. Se lhes propuser pagar o dobro para não trabalhar, a maioria aceitará a oferta."

"O senhor quer dizer que elas não trabalhariam de graça?", perguntei, com um sorriso.

"Não, não trabalhariam mesmo. Se você não as pagar, irão procurar outro emprego. Talvez até quisessem ajudar você e seu negócio, mas têm contas a pagar e

Empreendedor Rico

famílias a sustentar. Precisam de dinheiro, de qualquer tipo. As pessoas escolhem seus empregos procurando quem paga mais e oferece os melhores benefícios."

"Então o dinheiro simbólico é o que alguém ganha amando seu trabalho e fazendo o que ama?"

"Não", sorriu o pai rico. "Fazer o que se ama não é o que eu quero dizer quando falo em dinheiro simbólico."

"Mas o que é dinheiro simbólico?", perguntei. "Seria trabalhar de graça?"

"Não, também não é isso. Não se trata de trabalhar de graça, porque o dinheiro simbólico não é dinheiro propriamente dito."

"O dinheiro simbólico não é dinheiro? Mas se não é dinheiro, o que é?"

"É o que se ganha cumprindo uma tarefa, não porque você quer, mas porque ela tem que ser cumprida e você sabe, lá no fundo, que é você quem supostamente tem que executá-la."

"E como sabemos que somos este responsável?", perguntei.

"Você fica perturbado ao perceber que ninguém está fazendo o que tem que ser feito. Talvez diga a si mesmo: 'Por que ninguém faz nada em relação a isto?'"

"Sentimos raiva?", perguntei.

"Ah, sim", respondeu o pai rico, calmamente. "E às vezes fica triste ou até com dor no coração. Você pode até achar que se trata de uma injustiça ou mesmo de um crime. Normalmente são coisas que perturbam seus valores. Algo que parece desleal — uma injustiça."

"Mas a maioria das pessoas não tem essas sensações em relação a algo?", perguntei.

"Tem, mas também não faz nada a respeito. As pessoas vão trabalhar e dizem coisas como: 'Por que o governo não faz nada?' Ou então escrevem cartas reclamando e as enviam para os jornais."

"Mas não fazem nada a respeito", acrescentei.

Baixando a voz, o pai rico disse: "Na maioria dos casos, não fazem. Falam, reclamam, mas quase nada fazem. Afinal de contas, estão muito ocupadas trabalhando, ganhando dinheiro suficiente para pagar o aluguel e economizar para levar os filhos à Disneylândia."

"E o que aconteceria se fizessem alguma coisa?", questionei. "O que poderia acontecer?"

"Eu diria que as forças invisíveis do universo, de Deus, iriam ajudá-las caso se comprometessem realmente a resolver o problema. Aconteceria algo mágico em suas vidas.

Capítulo 6

É aí que o dinheiro simbólico entra em cena. Mas não é só dinheiro. Pessoas que nunca viu na vida vão se juntar a você, não pelo dinheiro e, sim, pela missão."

"E por quê?"

"Porque são pessoas que têm o mesmo propósito."

Isso foi quase tudo que consegui entender naquele dia. Eu tinha uma prova no dia seguinte e minha missão, à época, era concluir o Ensino Médio.

Doe Seus Dons

Quase um ano mais tarde, levantei de novo a questão do dinheiro simbólico. "Se eu simplesmente tentar resolver um problema que sei que precisa ser resolvido, isso irá atrair as forças invisíveis e o dinheiro simbólico?"

O pai rico riu e disse: "Pode ser que sim e pode ser que não. Não sou eu quem decide. Mas devo lhe dizer, um dos segredos para atrair forças mágicas invisíveis é dedicar-se a doar o dom que se tem."

"O quê?", respondi alarmado. "Doar o meu dom? O que quer dizer com dom?"

"Um talento especial dado por Deus. Algo no qual você é o melhor. Um talento que Deus concedeu especialmente a você."

"E o que seria?", perguntei. "Ao que eu saiba, não existe coisa alguma na qual eu seja o melhor."

"Bom, você terá que descobrir o que é."

"E todo mundo tem algum dom?"

"Eu gosto de pensar que sim", sorriu o pai rico.

"Mas se todos têm um dom, por que existe tanta gente medíocre?" A pergunta fez meu pai rico cair na risada. Finalmente, ele se recompôs e disse: "Porque é muito trabalhoso encontrar, desenvolver e doar o dom que se tem. A maioria das pessoas não quer se esforçar tanto assim."

Fiquei realmente confuso. Eu achava que, se Deus tivesse me concedido algum dom, deveria ser evidente e facilmente acessível. Quando pedi ao pai rico que esclarecesse esse ponto, falou: "Os grandes médicos passam anos estudando e depois clinicando para desenvolverem seus dons. Os grandes esportistas praticam durante anos para também desenvolvê-los. Embora haja exceções como as crianças prodígios, a maioria das pessoas tem que dedicar a vida à identificação e ao aperfeiçoamento de seus dons. Infelizmente, o mundo está cheio de pessoas talentosas que nunca chegam a desenvolvê-los. É difícil identificar o dom que se tem e pode ser mais difícil ainda desenvolvê-lo. E é por isso que tanta gente parece medíocre."

"Então é por isso que os atletas profissionais praticam mais que os amadores", pensei, em voz alta. "Dedicam suas vidas ao desenvolvimento de seus potenciais para aumentar o dom que receberam."

O pai rico acenou com a cabeça.

Mais uma vez, era mais do que eu podia absorver. A discussão estava encerrada, mas a lição ficou para sempre.

O Satisfatório É Inimigo da Excelência

Existem dois livros que indico aos amigos que se dedicam a se tornar o melhor que puderem em suas vidas. Eu os recomendo incisivamente para todos que querem se tornar empresários. Um deles é *Empresas Feitas para Vencer*, de Jim Collins. Já instituímos cinco grupos de estudo sobre este livro. Parecia que estávamos lendo um novo livro a cada vez que o grupo aprofundava a análise do texto.

A primeira linha de *Empresas Feitas para Vencer* já diz tudo. Collins começa o livro afirmando: "O satisfatório é inimigo da excelência." Ainda sobre a questão de identificar o dom que se tem, todo mundo sabe que o mundo está cheio de empreendedores, atletas, pais, trabalhadores e governantes satisfatórios em suas respectivas áreas. Mas o mundo sente falta de empreendedores, atletas, pais, trabalhadores e governantes excelentes e assim por diante. Por quê? Porque para muitos de nós, o satisfatório já é o bastante. Se meu pai rico fosse vivo, diria: "Trazer à tona seu dom quer dizer revelar sua grandeza e não apenas aquilo em que você é suficiente."

Empresas Feitas para Vencer está cheio de lições para os grandes e pequenos negócios. Cada pessoa que participou de nossos grupos de estudo encontrou uma lição aparentemente destinada a ela. A lição que mais me tocou foi que a grandeza é uma questão de escolha. Não se trata de ser ou não abençoado, talentoso ou mais afortunado que os outros. Trata-se de uma escolha que todos podemos fazer.

Como eu havia sido até então uma pessoa mediana ou abaixo da média, a noção de que a mudança estava em minhas mãos foi uma mensagem que atingiu diretamente meu coração e minha alma.

Capítulo 6

Supere Sua Resistência

Outro livro para todos que queiram viver seu melhor é *The War of Art*, de Steven Pressfield. Ele fala do autossabotador que existe em todos nós. Steven Pressfield identifica a resistência como a força interna que nos impede de fazer algo. Eu sei bem como é. No meu caso, a resistência se personifica com diversos nomes. Pela manhã, atende pelo nome de Preguiçoso. Assim que acordo, olho o relógio e digo: "Está na hora de ir para a academia" e imediatamente o Preguiçoso diz: "Ah, é melhor não ir hoje. Você não está se sentindo bem. Além disso, está frio lá fora. Vá amanhã." O Preguiçoso é a parte de mim que prefere comer a se exercitar.

Minha resistência assume formas muito diferentes. Tenho várias. Além do Preguiçoso, existe outro personagem chamado Marido Relaxado. Este sujeito vive dizendo coisas como: "Por que Kim não fez isso ou aquilo?" Outro que manda na minha vida é o Descuidado Financeiro, que está sempre dizendo: "Não vale a pena conferir esses números." Depois que o Descuidado Financeiro diz isso, vem o Marido Relaxado e diz: "Kim, confere esses números?" Como se vê, Preguiçoso, Marido Relaxado e Descuidado Financeiro são meus amigos íntimos. Estamos juntos o dia todo. Pressfield chama a isso de resistência. Prefiro chamá-los de parceiros.

O livro de Steven Pressfield se refere à superação da lei do menor esforço recorrendo ao poder criador interior e às forças superiores, sejam anjos da guarda ou suas fontes de inspiração. Eu diria que se trata de um livro essencial para os empreendedores. O livro não se destina a pessoas que simplesmente querem enriquecer rápido. E, à semelhança de *Empresas Feitas para Vencer*, *The War of Art* inclui muitas lições que não têm preço, embora exista uma que fala diretamente da questão de doar seus dons. A lição faz parte do capítulo "Profissionais e Amadores" e diz:

Os artistas aspirantes vencidos pela resistência têm uma característica em comum. Todos agem como amadores. Nenhum deles se profissionalizou.

Para ser claro: Quando digo profissional, não me refiro a médicos e advogados, como "profissões". Profissional é algo simbólico. É o oposto do amador. Considere as diferenças.

O amador age por diversão. O profissional, a sério.

Para o amador, trata-se de vacância. Para o profissional, vocação.

O amador age nas horas vagas, o profissional, em tempo integral.

O amador é um agente de final de semana. O profissional se dedica integralmente, sete dias por semana.

A palavra amador *vem do verbo latino "amar". A interpretação prosaica é que o amador segue sua vocação por amor, enquanto o profissional, por dinheiro. Não é assim que entendo. Na minha opinião, o amador não ama seu chamado o bastante. Se o amasse, não o teria como uma atividade paralela, distinta de sua "real" vocação.*

O profissional ama tanto a vocação que dedica a ela a própria vida. Compromete-se permanentemente.

É isso que quero dizer quando falo em tornar-se profissional.

A resistência detesta que nos profissionalizemos.

Sucesso Repentino

Comentando o sucesso da série *Pai Rico*, um jornalista escreveu: "Este autor alcançou um sucesso repentino. Somente três outros livros permaneceram mais tempo que *Rich Dad Poor Dad* na relação de best-sellers do *New York Times*. A maioria dos autores escreve muitos livros anos a fio sem chegar à relação do *New York Times*."

As palavras *sucesso repentino* e *autor* me fazem rir. Não me considero um escritor e certamente não sou um sucesso repentino. Sou simplesmente alguém que encontrou sua missão. Sigo-a há anos e tenho parceiros cuja missão é a mesma. Escrever é apenas uma das coisas que faço para cumpri-la. Na verdade, eu gostaria de não precisar escrever. Desde que fui reprovado em inglês porque não conseguia escrever, quando tinha quinze anos, contraí uma profunda aversão à escrita. Detestei escrever durante anos. Era a coisa mais difícil que havia para mim. Existem muitas outras formas de comunicação que acho fáceis, como gravações de áudio e vídeo ou apresentações ao vivo. Apesar disso, *Rich Dad Poor Dad* tem sido o livro mais vendido nos Estados Unidos há anos.

Lance Armstrong venceu inúmeras vezes o *Tour de France*, mas sua maior batalha foi travada contra o câncer, no auge de sua carreira. Por outro lado, não vou à academia quando faz frio. Seu nível de profissionalismo e o amor que tem pelo esporte são uma fonte de inspiração para todos nós, independentemente do que façamos.

Como afirmou em seu livro, *It's Not About the Bike* ("Não Se Trata da Bicicleta", em tradução livre):

Eu estava começando a considerar o câncer como algo que me coubera pelo bem de outras pessoas.

Tudo que eu sabia era que tinha uma missão a cumprir, que nunca tivera antes e levei-a mais a sério do que qualquer outra coisa no mundo.

Capítulo 6

Não Se Trata de Dinheiro

Outra pergunta que os jornalistas me fazem é: "Por que você continua trabalhando? Por que não entra em férias permanentes, já que tem todo esse dinheiro?" Como Lance Armstrong afirma: "Não se trata da bicicleta." No meu caso: "Não se trata de dinheiro." É a missão.

Encontrei minha missão em 1974, vendo meu pai pobre sentado em casa assistindo à televisão, um homem abatido e falido. Vendo-o ali, pude enxergar o futuro, não só o dele, mas o de milhões de pessoas no mundo todo.

Nos próximos anos, vão surgir em todo o mundo milhões, talvez bilhões, de pessoas como meu pai pobre. Pessoas inteligentes, bem-educadas, esforçadas, que nunca precisarão do amparo do governo para alimentação, abrigo e cuidados médicos. O fenômeno afetará cada país do mundo, até mesmo os mais ricos, como Estados Unidos, Inglaterra, Japão, Alemanha, França e Itália.

Em 1974, percebi que o problema era que havia gente demais na situação de meu pai, dependendo do governo para sobreviver. Meu pai rico testemunhara o crescimento desse problema e percebera que a previdência social e a assistência médica iriam se transformar em enormes obstáculos financeiros para os Estados Unidos e para o mundo. Também percebi que o país mais rico do mundo pode se transformar em um país cheio de pessoas à espera da atenção do governo.

Em 1974, quando meu pai pobre recomendou: "Volte a estudar e faça um mestrado, para encontrar um emprego com bons benefícios", encontrei minha missão. Naquela época, eu ainda não sabia que a havia encontrado. Tudo o que sabia era que os conselhos de meu pai pobre — aos quais eu prestava atenção — começaram a me deixar profundamente perturbado. Quando o observei sentado no sofá, desempregado, assistindo à televisão, fumando e recebendo uma pensão do governo, percebi que havia algo terrivelmente errado em seus conselhos. Os tempos haviam mudado, mas os conselhos continuaram os mesmos. Acho que vendo meu pai, em 1974, vislumbrei o futuro.

Por que Fazer o que Você Ama Não É o Bastante

Escuto muito as pessoas dizerem: "Eu estou fazendo o que gosto." Também as ouço dizer: "Faça o que gosta que o dinheiro aparece." Embora esse raciocínio esteja correto, há algumas falhas. A mais evidente delas é a utilização da palavra "eu". A verdadeira missão refere-se a quem você ama e não a você. Trata-se de para quem você trabalha. Não diz respeito a trabalhar para você mesmo.

Ainda em seu livro, Lance Armstrong afirma:

Tive uma nova sensação de objetivos, que não tinha a ver com reconhecimento e proezas sobre uma bicicleta. Algumas pessoas não entenderão o que vou dizer, mas eu não sentia mais que meu papel na vida fosse ser um ciclista. Talvez meu papel fosse ter sobrevivido ao câncer. Minha ligação e meus sentimentos mais fortes eram relativos às pessoas que estavam lutando contra o câncer e fazendo a mesma pergunta que eu: "Será que vou morrer?"

Não Se Trata de Você

Um amigo me pediu recentemente que conversasse com sua irmã, uma gerente que acabara de ingressar em uma empresa de marketing de rede. Ele me disse: "Minha irmã leu seus livros e decidiu tentar a sorte, montando uma empresa de marketing de rede."

"Isso é ótimo", falei.

"Você se importaria de conversar com ela?" O que eu podia fazer? Era um amigo e tive que concordar.

A irmã veio me procurar durante seu horário de almoço. "Então, por que entrou nessa empresa e decidiu montar o próprio negócio?", perguntei a ela.

"Ah, eu estou cansada dessa Corrida dos Ratos. Não estou progredindo no emprego. Depois que li seu livro sobre as vantagens de ingressar no marketing de rede, *Escola de Negócios*, decidi entrar nessa de cabeça. Dei a notícia no trabalho e serei minha própria chefe no máximo em um mês."

"Você é corajosa", admiti, concordando com ela. "E como foi que resolveu montar essa empresa de marketing de rede?"

"Ah, eu gosto dos produtos que são oferecidos. O treinamento me pareceu bom. Mas o que gostei realmente foi do plano de remuneração. Posso ganhar muito dinheiro rapidamente."

Capítulo 6

"Tudo bem", falei, sem comentar a ideia de trabalhar principalmente em função do dinheiro. "Quais são seus planos?"

A conversa durou mais uma meia hora. Não havia muito a ser discutido, já que ela não havia nem começado. Para ser honesto com meu amigo, sugeri que ela me procurasse dali a seis meses, para me contar como iam as coisas.

Achei que, depois desse tempo, ela teria perguntas reais a fazer.

Seis Meses de Fracasso

Em meados do sexto mês, a irmã do meu amigo telefonou e quis conversar. Esta segunda reunião não foi nada agradável.

"Eu não vou indo muito bem", começou ela. "Ninguém quer me ouvir. Eles simplesmente se fecham no momento em que menciono marketing de rede. Como vou ganhar dinheiro se eles não querem me ouvir?"

"Você participou das reuniões de treinamento que a empresa promove?", perguntei.

"Não, eu não quero fazer treinamento", respondeu, zangada. "A única coisa que eles fazem é me pressionar para praticar vendas. Não quero ser pressionada. Querem que eu leve meus amigos para as reuniões, mas eles não querem ir."

"Certo", falei, calmamente. "Você leu alguns livros sobre vendas ou como influenciar pessoas?"

"Não. Eu não gosto de ler."

"Entendo. Mas se não gosta de ler, pelo menos fez um curso de treinamento em vendas?"

"Não. Tudo que eles querem é o meu dinheiro, eu não vou gastá-lo."

"Tudo bem", falei. "Mas o que exatamente você quer?"

"Só quero trabalhar algumas horas por semana, ganhar muito dinheiro sem perturbações e ter tempo e dinheiro para desfrutar a vida."

"Entendo", falei novamente, começando a rir por dentro.

"Diga-me o que devo fazer", disse ela de repente, revelando sua frustração.

"Quem sabe você consegue aquele emprego de volta", sugeri.

"Você está dizendo que não sou capaz de montar um negócio?"

"Não, não é isso que estou dizendo", respondi.

"Então o que é? Você não é o cara versado que escreveu todos aqueles livros? Diga-me o que vê em mim. Sou forte. Posso aguentar."

"Está bem", respondi em tom mais sério. "Você notou quantas vezes usou a palavra 'eu'?"

Empreendedor Rico

"Não", respondeu. "Diga-me quantas vezes usei e o que isso revela para você."

"Bom, eu ouvi você dizer:

- 'Eu não vou indo muito bem.'
- 'Eu não quero fazer treinamento.'
- 'Eu não gosto de ler.'
- 'Eu não vou gastar meu dinheiro.'"

"Então digo muito 'eu'. E daí?"

Tão delicadamente quanto possível, falei: "Montar um negócio não é algo que se refira a você. É sobre outras pessoas. Diz respeito à equipe, seus clientes, instrutores e ao quanto você pode ser útil para eles. Você me parece muito egocêntrica, muito voltada para você: eu, eu mesma e os meus interesses."

Naturalmente, ela não gostou do que eu dissera, mas recostou-se na cadeira e ficou calada prestando atenção. Pude perceber que ela havia ouvido o que eu dissera e estava ruminando. Recompondo-se, falou: "Mas eu não gosto nada de ler. Não gosto de cursos de treinamento. Detesto ser rejeitada. Detesto gente obtusa que não entende o que estou oferecendo. Não suporto o que estou sentindo e odeio não poder contar com um salário."

Acenei com a cabeça e disse suavemente: "Entendo. Eu também passo por isso. Também detesto ler, ser treinado, pagar para que me orientem e trabalhar um tempo enorme sem ganhar nada. Mas eu faço tudo isso."

"Por quê?", perguntou.

"Porque não faço por mim. Meu trabalho não se trata de mim. Refere-se aos outros."

"Então você estuda porque quer fazer mais pelos outros, pelos seus clientes?"

"Sim", repliquei. "E não só pelos clientes. Eu estudo, treino e pratico muito pelas famílias dos meus clientes, pela comunidade e por um mundo melhor. Não se trata de mim mesmo ou de dinheiro. Mas de ser útil."

"Bom, eu também quero ser útil", explodiu ela. "Estou tentando ajudar as pessoas."

"Está mesmo, eu vejo isso. Você tem bom coração. O problema é que antes você precisa se capacitar a ser útil."

"Capacitar? O que quer dizer com isso?"

"Bem, os médicos passam anos estudando medicina, capacitando-se a ajudar seus pacientes. Não sei de ninguém que tenha largado um emprego de gerente e, no dia seguinte, estivesse em uma sala de cirurgia, fazendo alguma operação oftalmológica. Você sabe de algum caso?"

Capítulo 6

"Não", disse ela negando com a cabeça. "Então é por isso que tenho que ler, treinar e praticar? Para poder ser útil para outras pessoas?"

Discutimos durante mais uma hora. A irmã do meu amigo era realmente bem-intencionada e queria sinceramente ser útil. Ela simplesmente precisava de tempo para adquirir as habilidades necessárias para sê-lo. Explicando as diferenças entre os pensadores P, A, T e C, eu disse que achava que ela estava ganhando uma experiência notável como pensadora P com sua empresa de marketing de rede. Quando ela já estava indo embora, ainda comentei: "Lidar com pessoas é a parte mais difícil de qualquer negócio."

A conversa se encaminhou para o *Empresas Feitas para Vencer* e comentamos como a grandeza é uma questão de escolha e não de sorte ou oportunidade. Querendo incentivá-la, eu disse: "A empresa cujos produtos você vende não a está treinando para ser boa e sim para ser excelente no trato com as pessoas. Esta é uma habilidade que não tem preço, essencial para quem quer ser útil para o próximo. Mas é só você que pode optar por ser excelente. A maioria das pessoas se contenta em ser apenas satisfatória em alguma coisa, porque isso é tudo de que precisam para ser úteis a si mesmas."

Antes de ir embora, ela perguntou: "Mas então nem todo mundo quer ser útil para os outros?"

"Segundo minha experiência, não todos. Muitos trabalham apenas para ganhar dinheiro. Poucas pessoas trabalham para ser úteis. Pessoas diferentes, missões diferentes."

No próximo capítulo, mostrarei como montar uma equipe e lidar com pessoas diferentes, que têm missões diferentes. Trata-se de uma questão muito importante, porque as pessoas trabalham por motivos diversos. Quando seus motivos não correspondem à missão do negócio, os resultados são frequentemente caóticos e acarretam perda de tempo e dinheiro. Muitos negócios fracassam simplesmente porque na prática existem pessoas diferentes, que têm missões diferentes.

O Poder da Missão

No Vietnã, vi um país do Terceiro Mundo derrotar o país mais poderoso que existe, simplesmente porque suas forças combatentes tinham um sentido mais elevado de missão. Vejo a mesma coisa nos negócios de hoje. Não há quem não tenha visto pequenas empresas como Microsoft, Apple, Google e Amazon ultrapassar as grandes multinacionais, deixando jovens empreendedores muito mais ricos que os tradicionais executivos que escalam a hierarquia corporativa. Hoje em dia, enquan-

Empreendedor Rico

to os executivos tradicionais se tornam milionários, aqueles jovens empreendedores estão ficando bilionários. Como aconteceu no Vietnã, o que importa não é a proporção da empresa, mas da missão. É por isso que falo tanto neste assunto.

Já falei anteriormente neste livro sobre as três fases de dez anos que meu desenvolvimento exigiu. Relembrando:

1. 1974 a 1984: anos de aprendizado
2. 1984 a 1994: anos de lucro
3. 1994 a 2004: anos de retribuição

Em 1974, minha missão era apenas dominar o Triângulo D–I. Minha missão era aprender. Foi um período conturbado em minha vida. Eu ficava frequentemente sem um centavo e vivia deprimido. A missão era a única coisa que me fazia seguir em frente. Houve períodos de meses a fio em que nada parecia dar certo. No entanto, a recordação de meu pai pobre sentado em sua poltrona e assistindo à televisão me impulsionava. Eu não estava aprendendo em meu benefício e, sim, em benefício dele e de tantas pessoas como ele que existem no mundo todo.

Por volta de 1980, meu mundo melhorou um pouco. O dinheiro estava entrando novamente, porque eu havia aprendido muitas lições sobre o Triângulo D–I, especialmente os cinco níveis, do fluxo de caixa ao produto. Em 1980, deslocamos nossa produção para o exterior, porque era mais barato produzir na Coreia ou em Taiwan. Em uma de minhas viagens, vi como são as empresas que usam mão de obra escrava. Vi crianças literalmente empilhadas em cima de outras em mezaninos, fabricando os produtos que me tornavam rico.

Naquela época, fabricávamos carteiras de náilon e velcro, bolsas e bonés publicitários para bandas de rock. Vendíamos nossos produtos, legalmente licenciados, em concertos de rock e lojas de discos pelo mundo todo. Eu estava novamente indo de vento em popa, mas a visão daquelas crianças me assombrou.

Percebi que meus dias como empreendedor de confecção haviam terminado. Reparei, além disso, que minha missão de aprender estava mudando e que eu também precisava.

Em dezembro de 1984, Kim e eu nos mudamos para a Califórnia. Isso deu início ao pior ano de nossas vidas. Escrevi sobre este período no livro *Independência Financeira*. Minha missão era similar, mas havia evoluído. Minha missão agora era identificar meu dom e desenvolvê-lo e eu tinha ainda que ganhar dinheiro e gerar riqueza a partir dele.

Capítulo 6

A paixão é uma emoção diferente do amor. Paixão é uma combinação de amor e raiva. Naquela época, eu estava apaixonado pelo aprendizado, mas ainda sentia raiva do sistema escolar. A partir da minha paixão, Kim e eu fomos estudar pedagogia e entender como as pessoas aprendem. Passamos o ano de 1985 viajando com diferentes mestres, como Tony Robbins, e tentando aprender o que ensinavam. Uma vez por semana, ajudávamos Tony a ensinar as pessoas a caminhar sobre carvões aquecidos a mais de mil graus centígrados. Era muito instrutivo levar as pessoas a superar seus temores e modos de pensar restritivos.

Depois de passarmos um ano trabalhando com Tony e outros professores, Kim e eu seguimos sozinhos e começamos a ensinar habilidades empresariais na linha de Blair Singer, autor dos livros *Vendedor Rico* e *Equipes Ricas e Vencedoras* (o original, *The ABCs of Building a Business Team That Wins*, foi relançado como *Team Code of Honor* em 2012), da série *Pai Rico*.

Blair e eu rimos até hoje do nosso primeiro workshop. Pegamos um avião até a ilha de Maui para ministrá-lo e só apareceram duas pessoas. Apesar desse início desanimador de nosso novo negócio, fomos em frente e montamos a Escola de Negócios para Empreendedores e a Escola de Negócios para Investidores. Por volta de 1990, cinco anos mais tarde, estávamos enchendo auditórios com centenas de pessoas, ensinando os princípios de negócios e investimentos que aprendi com meu pai rico. Por volta de 1994, Kim e eu nos tornamos financeiramente independentes. Blair foi em frente e organizou a própria empresa de treinamento corporativo. O mais importante foi que eu havia identificado meu dom, ensinar, mas não da mesma forma que meu pai pobre fora treinado para exercê-lo.

Em 1994, aposentei-me e comecei a desenvolver o jogo *CASHFLOW®* e a escrever *Pai Rico, Pai Pobre*. Começou nossa terceira missão: devolver o que havíamos recebido, na forma de ensino financeiro e empresarial. Nossa missão era ser útil para mais pessoas e assim que fizemos isso, o dinheiro começou a entrar como em um passe de mágica, quase a partir do primeiro dia.

Kim e eu ainda rimos de quando a empresa de cartão de crédito nos ligou porque fazíamos muitas negociações. Depois de um seminário de final de semana, as ligações não paravam. A empresa de cartão de crédito tentou desativar nossa conta porque certamente devíamos vender drogas ou armas, de tantos pedidos que recebíamos após o evento. O presidente do banco nos disse: "Não consigo acreditar que uma empresa tão nova gere tanto dinheiro com essa rapidez." Mal sabia ele que era o poder da missão

Empreendedor Rico

e os três tipos de dinheiro — competitivo, cooperativo e simbólico — que faziam os telefones tocarem.

Acredito sinceramente que o sucesso mundial da *Rich Dad Company* não se deve a Kim e a mim, como indivíduos, mas às pessoas a quem dedicamos nossa missão na vida. Depois que fundamos a *Rich Dad Company*, nenhum de nós precisou mais trabalhar. Não se tratava mais de precisar de um emprego ou de dinheiro. Mas de responder a um chamado mais elevado e de fazer o que precisava ser feito. Se tivesse sido apenas por dinheiro, havia coisas mais fáceis em que Kim e eu poderíamos ter pensado.

Se nosso sucesso fosse considerado sorte, então foi uma sorte espiritual. Não há outra forma de explicá-lo. Houve simplesmente magia e sorte demais para que pudéssemos atribuí-lo unicamente à nossa capacidade em matéria de negócios. É como Steven Pressfield afirma em seu livro, *The War of Art*: "É posto em movimento um processo, através do qual o céu vem inevitável e infalivelmente nos ajudar. Forças invisíveis juntam-se à nossa causa e as descobertas inesperadas reforçam nosso propósito." E Lance Armstrong diz: "Não se trata da bicicleta."

A Missão Começa em Sua Essência

Antes de pedir demissão, lembre-se dos três tipos de dinheiro e do fato de um não ser melhor que o outro. O dinheiro competitivo, por exemplo, não é melhor nem pior que o cooperativo ou o simbólico.

A competição tem seu lugar nos negócios. A concorrência mantém os preços baixos e a qualidade elevada. Mantém as equipes ativas e atentas. Se não houvesse concorrência, haveria menos produtos novos e inovações que modificam nossas vidas. Sem a competição, estaríamos nos aproximando de uma economia centralmente controlada, do tipo socialista. Não fosse a concorrência, haveria menos oportunidades e incentivos para os empreendedores.

Se você estiver em vias de se transformar em empreendedor, sua primeira missão é dominar o Triângulo D–I. Se não entender o Triângulo D–I e não se empenhar continuamente em dominá-lo, pode ser que você não seja competitivo e nem mesmo sobreviva.

Se não for competitivo, achará difícil ser solidário e trabalhar pelo dinheiro cooperativo. É difícil ser cooperativo no mundo dos negócios quando se tem um negócio mal concebido ou pessoal inadequado. Seria como jogar futebol com um companheiro de equipe com uma perna engessada.

Capítulo 6

Como dito anteriormente, o Triângulo D–I é na verdade aplicável aos quatro setores do quadrante CASHFLOW. As pessoas classificadas no quadrante E, por exemplo, também têm um Triângulo D–I. Caso enfrentem dificuldades financeiras, o triângulo facilitará o diagnóstico dos problemas, bastando que analisem suas vidas privadas sob a óptica do Triângulo D–I. Muitos empregados enfrentam dificuldades financeiras por carências na compreensão do nível do fluxo de caixa. Mesmo que recebam um aumento salarial, essa deficiência irá mantê-los financeiramente pobres.

Os Fuzileiros Navais me ensinaram que a missão começa na essência e na alma da organização. Se não houver dedicação à missão, a organização não terá alma. A equipe *Rich Dad Company* pratica o que prega e vive sua missão corporativa. Todos os empregados são incentivados a iniciar os próprios negócios ou uma carteira de investimentos, de forma que possam um dia sair da empresa e crescer. Não queremos empregados fiéis. Queremos empregados leais, que planejem se tornar financeiramente independentes e sair da empresa. Não queremos que nossos bons empregados saiam, mas comemoramos quando se tornam financeiramente independentes porque essa é a missão da *Rich Dad Company*.

Portanto, antes de pedir demissão e se tornar um empreendedor rico, lembre-se de que a missão começa em sua essência, alma e coração e se expressa através daquilo que você faz — e não apenas do que diz.

LIÇÃO DO MUNDO REAL #7
O Objetivo da Missão Determina o Produto

Capítulo 7

COMO TRANSFORMAR UM PEQUENO NEGÓCIO EM UMA GRANDE EMPRESA

"Por que a maioria das empresas não cresce?", perguntei.

"Boa pergunta. Elas permanecem pequenas porque existe alguma deficiência em seu Triângulo D–I", respondeu o pai rico. "É difícil passar do quadrante A para o D se o Triângulo D–I não for suficientemente sólido."

Após o Naufrágio

Existe um ditado que diz: "Olhando o passado, vemos o futuro." Embora seja verdade, há projeções que são mais óbvias que outras. Recursos didáticos visuais como o Triângulo D–I e o quadrante CASHFLOW ajudaram-me a perceber tanto o que vinha pela frente quanto o que ficara para trás quando montei meus negócios. Depois do desastre com minha empresa de carteiras de náilon e velcro para surfistas, o fato de poder contar com o quadrante CASHFLOW e o Triângulo D–I como recursos visuais foi como colocar óculos novos ou uma lupa. Salvei o que foi possível do naufrágio do negócio.

Era evidente que o sucesso inicial e a incompetência posterior haviam nos arrasado. No entanto, percebi que, por trás do sucesso, sempre existiram fatores mais profundos e obscuros que nos levaram ao desastre. Sendo honesto comigo mesmo e observando o quadrante CASHFLOW, ficou claro por que havíamos fracassado. A verdadeira causa havia sido a arrogância juvenil. O sucesso logo no início da minha vida empresarial foi como se alguém tivesse me dado um Corvette e meia dúzia de cervejas e recomendado em seguida: "Dirija com segurança."

Capítulo 7

Em 1976, meu melhor amigo, Larry, e eu mesmo estávamos no quadrante E, trabalhando como vendedores da Xerox. Como estávamos no topo da lista de vendedores, achamos que sabíamos todas as respostas. Quando elaboramos nosso plano de negócios, achamos que éramos dois acrobatas como Evel Knievel e podíamos saltar sobre o Grand Canyon de motocicleta. Ou seja, acreditamos que poderíamos pegar um atalho para chegar ao quadrante D. Em vez de passar pelo A, planejamos envenenar nossas motos e saltar do E para o D. Em vez de descermos do E para o A pela encosta do cânion e depois subirmos do I para o D pela encosta do outro lado, resolvemos pular sobre o abismo. Até mesmo Evel Knievel foi suficientemente cauteloso para dar o salto com um paraquedas fixado na motocicleta. Nós não.

Em vez de Evel Knievel, parecíamos mais o Coiote perseguindo o Papa-léguas até ultrapassar a borda do despenhadeiro, antes de perceber que não tinha mais o chão firme debaixo das patas. Em algum momento entre 1978 e 1979, percebemos que não tínhamos nada além de um espaço vazio sob nós. Quase chegamos ao quadrante D. Na verdade, chegamos a alcançar as bordas, mas foi a fragilidade de nosso Triângulo D–I que nos mandou despenhadeiro abaixo. Não foi nada bonito e doeu muito. Hoje sei como o Coiote se sente naquela situação a cada vez que vejo um desenho animado do Papa-léguas. Bip-bip!

As Crise São Boas Se Você As Supera

Entre 1979 e 1981, eu me sentia como se fosse uma espécie de DAC examinando os escombros de um avião. Meus sócios haviam se transferido para outro negócio e seus lugares foram ocupados por dois sócios novos. Um deles foi meu irmão, Jon, que, além de grande sócio no negócio, foi um enorme sustentáculo moral. Reviramos juntos os escombros e montamos um novo negócio, desta vez menor. Voltamos do D para o A.

Em 1981, nossa empresa encolheu e formou uma joint venture com uma estação de rádio local. Com a rádio, criamos uma marca chamada "98 Rock". O carro-chefe era uma camiseta preta com um logo aspergido em vermelho e branco, divulgando aos berros "98 Rock FM Honolulu". Nossas lojas 98 Rock em Honolulu atraíam milhares de adolescentes que faziam fila para comprar camisetas e outros acessórios.

O produto logo se espalhou pelo mundo todo e foi excepcionalmente bem-sucedido no Japão. A visão de nossa pequena loja em Tóquio, com milhares de garotos enfileirados para comprar os produtos, devolveu nossos sorrisos, que haviam estado

Empreendedor Rico

ausentes durante muitos anos. Quando contei nosso sucesso mundial ao meu pai rico, ele lembrou: "O processo lhe dará um vislumbre do seu futuro, mas você terá que ser fiel ao processo." Embora ainda não tivesse me destacado, eu sabia que estava me aproximando de meu objetivo. Apesar de árduo, o processo estava funcionando.

A mania 98 Rock durou aproximadamente dezoito meses. Rendeu muito dinheiro. Foi graças a essa campanha de marketing que consegui pagar US$700 mil de dívidas aos meus credores e em impostos atrasados. Quando a moda terminou, voltei à estaca zero financeira. Apesar de continuar sem dinheiro, minha compreensão do Triângulo D–I já era maior. Minha confiança estava de volta, eu havia transformado azar em sorte, não tinha mais que declarar insolvência e, mais uma vez, tivera um vislumbre de uma vida boa — o meu futuro quando o processo terminasse.

Em 1981, recebi um telefonema do agente do Pink Floyd. O homem ouvira falar de nosso sucesso com a mercadoria 98 Rock e queria que nós ajudássemos a banda a lançar seu novo álbum, *The Wall*. Evidentemente agarramos a oportunidade com unhas e dentes. Nosso pequeno negócio estava mais uma vez se transformando em uma grande empresa. E com esse crescimento, a força do Triângulo D–I da nossa empresa seria testada outra vez.

Nossa joint venture com o Pink Floyd foi um sucesso. Logo outras bandas nos procuraram e, sem muito planejamento prévio, nosso pequeno negócio em Honolulu ficou conhecido no metiê do rock and roll. Quando Duran Duran e Van Halen ingressaram em nossa lista de bandas de rock, o negócio explodiu.

A MTV foi lançada simultaneamente, por volta de 1982. O rock voltou com toda força; a música disco estava morta e, mais uma vez, nossos sistemas ficaram excessivamente estressados. Estávamos no lugar certo, no momento certo e no negócio certo. O problema foi que não conseguimos mais atender à demanda. Sabíamos também que não poderíamos mais fabricar os produtos nos Estados Unidos. O custo decorrente de regulamentos governamentais, mão de obra, legislação e aluguéis era demais para um pequeno negócio. Para nos expandirmos, tornou-se muito mais viável economicamente transferir a produção para a Ásia.

Nós, os três sócios, trabalhávamos dia e noite expandindo o negócio na Ásia. Foram mais ou menos seis meses de trabalho pesado — não chegava a ser 24 horas por dia, sete dias por semana, mas foram pelo menos 20 horas por dia, sete dias por semana. Eu praticamente morava em Nova York ou San Francisco; Dave, nosso outro sócio, ficava em Taiwan e na Coreia e meu irmão manteve as operações em Honolulu funcionando. Trabalhando em fusos horários que abrangiam a metade do globo, ficá-

Capítulo 7

vamos o tempo todo em contato telefônico (antes dos telefones celulares e do correio eletrônico), construindo um Triângulo D–I maior. Com a expansão do triângulo, o dinheiro começou a entrar novamente.

De vez em quando eu ia visitar meu pai rico. Nossa amizade andou estremecida durante essa época. Ele ainda estava aborrecido porque achava que eu não havia respeitado os conselhos que me dera pouco antes do desastre do negócio original com as carteiras. Embora não estivesse satisfeito comigo, ele ainda me concedia seu tempo e seus conselhos e continuou um pouco rabugento, até mesmo depois que informei que nosso negócio de carteiras havia sido reconstituído e que eu havia aprendido muito.

Em retrospecto, a reconstrução do negócio foi uma experiência de valor inestimável. Meus dois sócios e eu mesmo havíamos aprendido e amadurecido muito. Estávamos menos orgulhosos. Havíamos nos transformado em profissionais mais inteligentes e nosso fluxo de caixa era a prova disso. Nosso novo Triângulo D–I não apresentava lacunas e estava aguentando firme.

Um dia, Dave sugeriu que eu fosse com ele à Coreia e Taiwan para conhecer nossas operações locais. Eu ainda não visitara nossas fábricas na Ásia, já que ficava só em San Francisco e Nova York durante o período de expansão. Como disse no capítulo anterior, foi nessa visita à Ásia que vi adolescentes trabalhando em regime de escravidão e encerrei minha carreira de fabricante.

Missão Cumprida

Voltando da Ásia para o Havaí, percebi que minha missão estava encerrada e ainda no avião comecei a analisar o processo em retrospectiva. Como se o tempo não tivesse passado, recordei a decisão de trabalhar na Xerox para aprender a vender, em 1974. Minha mente também trouxe recordações daquele dia em 1976, quando eu e meu amigo Larry decidimos iniciar o negócio de carteiras de náilon e velcro em regime de tempo parcial. Em 1978, quando eu já era o melhor vendedor da Xerox, as carteiras de náilon para surfistas estavam sendo comentadas em revistas como *GQ*, *Runners World* e *Playboy*.

Larry e eu havíamos saído da Xerox e nos dedicado integralmente ao nosso minúsculo negócio. Lembrei-me das épocas de euforia e em seguida do desastre. Emocionei-me ao lembrar como me senti mal quando contei à minha família, aos credores e às autoridades tributárias que íamos fechar o negócio. Recordei as lições do pai rico durante aquele período e acabei sorrindo ao pensar como meu irmão, Dave e eu havíamos reconstruído o negócio e tivéramos sucesso, primeiro com a 98 Rock e depois com a MTV e o rock. Nosso negócio era agora sólido e era tempo de seguir em frente. Minha cabeça continuava dizendo: "Fique, agora é a época de ganhar muito dinheiro. Você está bem novamente. Por que parar agora? Você está em vias de ficar rico. O trabalho árduo já foi feito e seus sonhos vão se realizar." Mas lá no fundo eu sabia que era hora de ir adiante.

Essa decisão foi difícil, especialmente porque o dinheiro estava mesmo começando a entrar. O conflito entre a cabeça e o coração durou meses. Mais de uma vez eu quis continuar com aquilo, quando recebia meu pró-labore acompanhado por uma bonificação e, no entanto, sabia que minha missão, aprender os fundamentos do Triângulo D–I, estava concluída. Eu já podia ser competitivo no mundo dos negócios. O problema era que eu não gostava do que tinha que fazer, para continuar sendo competitivo. Não gostava de obrigar adolescentes a trabalhar em condições terríveis, que provavelmente os deixariam marcados para o resto da vida. Em fins de 1983, informei a Dave e ao meu irmão que eu ia sair do negócio. Não pedi nenhuma compensação financeira. Eu tinha bem mais do que precisava.

O Encontro com Kim

Justamente quando me preparava para fazer estas mudanças em minha vida, conheci Kim. Na verdade, eu a conhecera meses antes, quando ainda era o rei das discotecas de Waikiki, mas ela não quis saber de mim. Talvez tenha sido por causa das camisas de colarinho engomado e das botas estilo disco. Não cheguei a me incomodar, porque Waikiki estava cheia de garotas lindas.

Voltei a pensar em Kim por algum motivo depois que voltei da Ásia. Convidei-a novamente para sair e ela recusou. A coisa continuou assim durante seis meses. Eu a procurava, conversava e convidava para sair e ela dizia que não. Telefonava e ela dizia que não. Mandava flores e ela dizia que não. Foram centenas de tentativas. Experimentei todas as táticas de venda que conhecia. Nada funcionava.

Finalmente, sem ter mais nenhum truque na manga, parei com aquela história de rei das discotecas e apliquei o que havia aprendido nos cursos de marketing que fazia à noite. Um dos métodos empíricos do marketing é primeiro pesquisar. Mudando de vendedor para pesquisador, comecei a fazer perguntas na tentativa de descobrir quem era realmente aquela mulher chamada Kim. Em marketing, isso é chamado de "conhecer seu cliente".

Capítulo 7

A primeira pessoa que procurei foi um rapaz que trabalhava com ela. Quando comecei a fazer perguntas, ele caiu na gargalhada e disse: "Você não tem chance. Sabe quantos caras correm atrás dela? Todo dia ela recebe cartões, flores e telefonemas de homens como você. Provavelmente ela nem sabe quem você é." A conversa não me ajudou em nada e, assim, continuei assuntando.

Finalmente, enquanto almoçava com uma amiga, mencionei que meu projeto de pesquisa de mercado, vulgo Kim, não estava avançando.

Phillys abriu um sorriso ao ouvir minha história e perguntou: "Você por acaso sabe quem é a melhor amiga dela?"

"Não, não sei."

Caindo na gargalhada, Phillys disse: "É Karen, sua ex-namorada."

"O quê? Você está brincando, não está?"

"Não, não estou", disse Phyllis, ainda às gargalhadas.

Dando a Phillys um enorme abraço e um beijo, saí correndo porta afora e voltei ao meu escritório. Eu tinha que dar um telefonema — para Karen.

Minha separação de Karen não havia sido lá muito agradável e, sendo assim, eu tinha que consertar um pouco as coisas. Depois que me desculpei tardiamente, Karen se dispôs a escutar a história de meus seis meses perseguindo Kim. E também deu gargalhadas.

Finalmente se recompôs e perguntou: "E o que você quer que eu faça?"

Voltei a ser vendedor e pedi a ela o que todo vendedor bem treinado pede a um cliente satisfeito. Uma recomendação.

"O quê?", explodiu Karen. "Quer que eu o recomende? Quer que eu diga a ela que deve sair com você? Mas que cara de pau."

"Bom, é por isso que sou um vendedor fabuloso", brinquei.

Karen não achou nenhuma graça. "Está bem, vou falar com ela. Mas estou avisando que é só isso que vou fazer. Não me peça mais nenhum favor."

Bom, de um jeito ou de outro ela conversou com Kim e me elogiou. Mais ou menos seis semanas depois, nossas agendas coincidiram e finalmente tivemos o primeiro encontro, no dia 19 de fevereiro de 1984.

Um Novo Processo Começa

Nosso encontro foi em um bar à beira da praia, pedimos uma garrafa de champanhe e fomos caminhar pela areia. Eu não tinha lá muito dinheiro e, sendo assim, foi o encontro mais romântico que consegui inventar por um preço ao meu alcance.

Sentados na areia no fim da praia de Diamond Head, Kim e eu conversamos até o raiar do sol. Tínhamos muita coisa para colocar em dia.

Naquela noite, ela me falou de sua vida e eu, da minha. Quando surgiu o assunto trabalho, falei a ela sobre meu pai rico e suas lições. Com especialização em negócios na universidade, Kim ficou curiosa sobre o Triângulo D–I e pelo processo de se tornar um empresário. Ficar sob o luar, sentado na areia à beira d'água conversando sobre negócios com a mulher mais bela que eu jamais conhecera foi como estar no paraíso. A maioria das garotas que o rei das discotecas havia encontrado até então não estava interessada em negócios. Mas Kim estava. Na verdade, interessadíssima.

Ela meneou a cabeça quando contei a história das carteiras de náilon e velcro. Contei como eu havia estado lá em cima e depois me encrencado. Quando falei das crianças asiáticas, umas empilhadas sobre as outras, quatro filas de operários onde mal caberia um, respirando os vapores tóxicos das tintas que usávamos, ela quase chorou. Aí contei que havia saído do negócio porque a missão estava encerrada.

Com isso, ela retomou a conversa e disse: "Estou feliz por você ter saído. Mas o que pretende fazer agora?"

Sacudindo a cabeça, respondi: "Não sei. Tudo que sei é que, às vezes, temos que parar antes de recomeçar. E é isso que estou fazendo agora, uma pausa."

Falei então sobre meu pai, que continuava desempregado e aceitando empregos temporários quando conseguia encontrá-los. Falei de como eu achava que a educação tradicional era inadequada e não preparava os jovens para o mundo real. Disse que as escolas preparavam os alunos para serem empregados e não empregadores, ensinando-os a esperar que alguma empresa ou o governo se encarregasse de sustentá-los quando parassem de trabalhar. Conversamos então sobre o futuro e eu disse que o pai rico previa a chegada de uma crise em termos de previdência social e saúde pública, bem-parecida com uma crise financeira no mercado de ações, crises essas que se tornariam cada vez mais graves à medida que a geração *baby-boom*[1] envelhecesse.

"Por que está preocupado?", perguntou ela. "Você acha que essa crise financeira iminente é problema seu?"

"Não sei dizer", respondi. "Sei que o mundo tem um monte de problemas em matéria de meio ambiente, alimentação, saúde, habitação e assim por diante. Mas

---

[1] Depois da Segunda Guerra Mundial, a Europa (especialmente a Grã-Bretanha e a França), os Estados Unidos, o Canadá e a Austrália tiveram um aumento de natalidade repentino, que ficou conhecido como baby boom; daí pessoas nascidas nesses países, entre 1946 e 1964, serem chamadas de baby boomers. (N. E.)

Capítulo 7

do meu ponto de vista, esse problema de dinheiro, da pobreza e do abismo entre ricos e pobres é o que mais me interessa. Sinto isso na alma e no coração."

A conversa derivou para o dr. Buckminster Fuller, o fato de eu haver estudado com ele e como ele tinha as mesmas preocupações que meu pai rico. Fiz o melhor que pude para explicar a ela o que Fuller quis dizer quando afirmou que os ricos e poderosos estavam brincando com o dinheiro, mantendo os pobres e a classe média constantemente à beira de uma crise financeira. Contei também que o dr. Fuller costumava dizer que cada um de nós tem um propósito na vida, que cada um tem uma peça importante do quebra-cabeça e que nossa tarefa não é simplesmente ganhar dinheiro, mas, sim, construir um mundo melhor.

"Parece que você está procurando uma forma de ajudar gente como seu pai e aqueles adolescentes das fábricas na Ásia", disse Kim.

Falei: "É praticamente isso. Quando estive em nossa fábrica, decidi que já é tempo de eu trabalhar pelos jovens, em vez de eles trabalharem para mim. É tempo de tornar os jovens ricos, em vez de só eu enriquecer."

O Sol vinha raiando sobre o mar. Os surfistas já estavam experimentando as ondas suaves e cristalinas. Era hora de me preparar para o trabalho. Ficamos acordados a noite toda, mas estávamos cheios de energia. E desde então estamos juntos.

Encontrando Minha Paixão

Kim e eu nos mudamos para a Califórnia em dezembro de 1984. Como já contei muitas vezes em meus livros, essa mudança iniciou o período mais difícil que enfrentamos. A oportunidade de negócio da qual fomos em busca não foi em frente. Isso nos deixou sem dinheiro e tivemos até que dormir algumas noites no nosso carro. Foi uma época que sedimentou nosso compromisso um para com o outro e em relação aos nossos objetivos.

A Califórnia era um canteiro de novos modelos educacionais. Muitos hippies haviam ficado mais velhos e estavam promovendo seminários sobre assuntos peculiares e interessantes. Os temas mais comuns eram: abra a cabeça, mude seus paradigmas e liberte-se das limitações. Kim e eu participamos de todos os seminários que pudemos, incorporando novas ideias e observando técnicas pedagógicas diferentes.

Anteriormente, disse que passei pela escola de pilotagem de alta performance de Bob Bondurant e trabalhei com Tony Robbins, ensinando pessoas a caminhar sobre carvões ardentes. Como você já deve saber, não gosto do sistema educacional tradicional. Não gostava de aprender pelo medo de ser reprovado, aprendendo a memorizar todas as respostas certas, sempre com medo de cometer erros. Na escola, eu me sentia como se estivesse sendo programado para fazer apenas o que supostamente é certo e ter medo de viver a vida. Sentia-me frequentemente como uma borboleta presa em uma teia, com a aranha me envolvendo em seu fio até que eu não pudesse mais voar.

O tipo de instrução que eu estava procurando era um sistema que ensinasse as pessoas a se libertarem de seus temores. Uma educação que as ajudasse a descobrir suas próprias potencialidades para que pudessem caminhar sobre o fogo ou pilotar carros de Fórmula 1. Quanto mais eu estudava essas técnicas, descobrindo como todos nós aprendemos, de que forma a mente trabalha em conjunto com as emoções e os efeitos que isso tem sobre nossa capacidade física, mais eu queria aprender. Fiquei fascinado em saber como os seres humanos aprendem.

Descobri por que eu havia gostado tanto dos Fuzileiros Navais. Eu havia adorado o treinamento e a escola de pilotagem porque lá aprendi a superar o medo e os raciocínios limitadores. Os fuzileiros haviam sido o ambiente de aprendizado perfeito para mim. O ambiente era difícil, rigoroso e impusera exigências a meu corpo, minha mente, minhas emoções e minha alma, até que eu terminasse o programa.

Para os Fuzileiros Navais, não basta saber as respostas certas. Exatamente como no mundo dos negócios, o treinamento de um fuzileiro naval busca obter resultados e não racionalizações. Tratava-se de agir e não de falar. Era um ambiente de aprendizado em que o mais importante é a missão; a equipe e o indivíduo vêm em segundo e terceiro lugares. Foi um ambiente de aprendizado que me ensinou a voar em vez de cortar minhas asas.

Quebrar Paradigmas Educacionais

Estava começando a parecer que estávamos estudando aquilo que acabei chamando de "quebrar paradigmas educacionais" — o tipo de aprendizado suficientemente poderoso para ocasionar uma transformação, uma mudança de paradigmas, muito semelhante àquilo que uma lagarta recém-metamorfoseada em borboleta deve sentir quando finalmente rompe o casulo.

Durante um dos seminários sobre aprendizado que assisti, ouvi falar de Ilya Prigogine, uma pessoa que recebera o Prêmio Nobel por suas descobertas. O Prêmio Nobel foi concedido em função das pesquisas de Prigogine sobre estruturas dissipativas. Para falar da forma mais simples possível, suas pesquisas provaram por que uma criança monta em uma bicicleta, cai, torna a montar, cai novamente e, de súbito, consegue andar de bicicleta. Sempre simplificando, o terrível estresse gerado pelas

Capítulo 7

repetidas quedas e novas tentativas obriga o cérebro da criança a se reorganizar. Ela deixa de ser incapaz de andar de bicicleta e aprende a andar para sempre.

Para mim, as pesquisas de Prigogine confirmaram que as pessoas que vão bem na escola podem não se sair tão bem no mundo real. Existe muita gente que sabe o que fazer, mas não consegue fazer o que sabe. Tal qual meu pai pobre, essas pessoas continuam caídas depois que caem, frequentemente dizendo: "Nunca mais vou fazer isso." Em vez de exigirem cada vez mais de si mesmas, à medida que aumentam o estresse e a frustração, desistem para reduzir as decepções. De certa forma, essas pessoas são como lagartas que nunca vão sair da proteção do casulo.

Como resumiu Prigogine: "O estresse é a maneira como a inteligência aumenta." Ou como diria meu pai rico: "Insista no processo."

Quão Rápido Aprendemos?

Outra pessoa cuja obra pesquisei foi Georgi Lozanov, um búlgaro pioneiro naquilo que hoje é chamado de superaprendizado. Embora nunca tenha assistido a uma aula de Lozanov, afirma-se que ele conseguia ensinar um idioma novo em apenas um ou dois dias. Obviamente, ele e seus trabalhos foram desacreditados pela educação convencional, mas comecei a experimentar suas técnicas e constatei que realmente funcionam.

Uma das razões para eu não gostar da escola era simplesmente o ritmo de aprendizado lento demais. A combinação de diferentes técnicas de ensino aumenta a velocidade do aprendizado, reduz o tédio e resulta em uma retenção mais duradoura. Comecei a ficar entusiasmado acerca do ensino. O que mais me agradou naquilo que estava descobrindo foi que não importa se o estudante se enquadra entre os primeiros ou os últimos da classe. Com esse método de ensino, tudo que é necessário para aprender é a vontade.

Fazendo Acontecer

O pai rico me dissera, anos atrás, que o aprendiz retém o melhor de um processo e deixa o resto para trás assim que o processo está concluído. O aprendiz avança então para o processo seguinte e, assim que termina, retém o melhor do segundo processo e deixa o resto para trás.

As palavras do pai rico começaram a fazer sentido à medida que Kim e eu íamos cumprindo esse período de aprendizado. Ocorreu-me subitamente que eu estava iniciando o melhor dos vários processos que atravessara na vida. Eu tivera a experiência de ir à escola, coisa que realmente detestara. Em seguida veio minha

Empreendedor Rico

experiência como piloto da marinha e depois a experiência de aprender a ser empreendedor, com meu negócio de carteiras de náilon e velcro. Por pior que tivesse sido o processo das carteiras, deste resultaram grandes experiências que conservei. E agora, tornando-me realmente um estudante do modo como as pessoas aprendem, todas as experiências anteriores estavam se consolidando. Minha vida desgovernada estava finalmente começando a fazer sentido.

Identifiquei minha paixão mais ou menos em agosto de 1985. Meu novo negócio estava começando a tomar forma em minha mente. Entre 1986 e 1994, Kim e eu dirigimos uma organização que administrava a Escola de Negócios para Empreendedores e a Escola de Negócios para Investidores. Ao contrário das escolas de negócios tradicionais, essas não faziam exigências prévias. Não exigíamos registros escolares. Tudo que exigíamos era a vontade de aprender, tempo e o dinheiro necessários para pagar os cursos.

Valendo-nos das técnicas que havíamos aprendido, conseguíamos ensinar os princípios básicos de contabilidade e investimento — cujo aprendizado demora normalmente seis meses — em apenas um dia. Em vez de falar sobre negócios, os alunos na realidade organizavam um negócio, abordando todos os componentes do Triângulo D–I. Em vez de falar sobre a formação de equipes, cada equipe tinha também que treinar para o triatlo. Em vez de uma pessoa terminar em primeiro lugar, quem vencia era a equipe que terminava em primeiro lugar. Não sei se você sabe como é difícil conseguir que quinze pessoas de diferentes idades, gênero, nível de preparação e atitude venham a competir como equipe em uma prova de natação, ciclismo e corrida. Algumas provas me lembravam de cenas do Vietná, em que membros de uma equipe carregavam outros nas costas, cruzando a linha de chegada. É claro que, para ser uma escola de negócios do mundo real, tínhamos que apostar dinheiro. Cada participante colocava dinheiro na sacola e o vencedor ficava com tudo. Uma equipe vencedora formada por quinze pessoas podia ir embora com até US$50 mil em prêmios.

Na Escola de Negócios para Investidores, organizávamos um verdadeiro pregão em vez de falar de investimentos. As equipes representavam diferentes fundos mútuos e diferentes administradoras de fundos de ações. As equipes tinham que corrigir suas estratégias de investimento à medida que as condições do mercado mudavam. E quando terminava o curso, era a equipe vencedora que ia embora com o dinheiro.

Em 1993, percebi mais uma vez que era hora de seguir em frente, apesar de o negócio ser bem-sucedido e lucrativo. No verão de 1994, Kim e eu vendemos nossas cotas de participação e nos aposentamos. A renda passiva gerada por nossos investi-

Capítulo 7

mentos era agora maior que as despesas. Havíamos escapado finalmente da Corrida dos Ratos. Não estávamos ricos, tínhamos nos tornado financeiramente independentes. No meu livro *Aposentado Jovem e Rico*, você vê uma foto minha e de Kim sentados em um cavalo, em uma colina, com vista panorâmica do oceano cristalino. Aquelas férias em uma ilha particular do arquipélago de Fiji era a recompensa por termos nos aposentado cedo. Kim tinha 37 anos e eu, 47.

Saiba Quando Parar

Em seu livro *Empresas Feitas para Vencer*, Jim Collins dedica um capítulo à importância de saber quando se deve parar. A leitura deste livro, em 2004, levou-me de volta aos momentos em que eu também parei, em 1984 e 1994. Não houve nenhum sinal claro de Deus dizendo: "É hora de parar." Houve simplesmente um momento em que percebi que o processo em que eu estava havia chegado ao fim. Era hora de parar e esperar que começasse o novo processo.

Conheço muitos executivos que querem parar e não conseguem. Há várias razões. Uma das mais comuns é que seu Triângulo D–I é frágil e eles têm que trabalhar mais ou durante mais tempo para compensar essa falha. Outra é que o empresário não pode se dar ao luxo da aposentadoria, outro sintoma de fragilidade do Triângulo D–I. E outra ainda é que, apesar do sucesso do negócio, o dono não consegue parar porque não sabe o que vai fazer depois. De acordo com Jim Collins, a pessoa talvez tenha que primeiro parar, tirar férias e então começar a procurar o que fará em seguida. Eu simplesmente parei, deixei a poeira assentar e esperei alguns anos para ver o que viria em seguida.

Quanto Mais Pessoas Serve, Mais Eficiente Você Se Torna

Estive firmemente entrincheirado no quadrante A entre 1984 e 1994. Não seria eu quem iria me mudar prematuramente para o quadrante D. Como era de se esperar, nossa exaustão foi aumentando à medida que nosso sucesso crescia. A exaustão é aquilo que atinge frequentemente as pessoas bem-sucedidas no quadrante A. Uma vez que quem trabalha é a própria pessoa, mais sucesso significa mais trabalho. Os autônomos são frequentemente remunerados em função do número de horas trabalhadas e, como todo mundo sabe, o dia só tem vinte e quatro horas.

Não foram o trabalho intenso ou as muitas horas de trabalho que fizeram com que Kim e eu parássemos. O que me incomodava era perceber que nosso trabalho estava atingindo poucas pessoas. Afinal de contas, não são muitas as pessoas que podem pagar para participar de seminários. E nossos seminários, além de caros, eram quase tão rigorosos quanto o treinamento dos Fuzileiros Navais. As pessoas tinham que reservar dez dias ou mais para cursar uma de nossas escolas de negócios.

O dr. Buckminster Fuller, o professor que teve enorme influência sobre minha vida, dizia frequentemente: "Quanto mais for útil para as pessoas, mais eficiente você será." Fuller não estava interessado em ganhar dinheiro e, sim, em ser útil. O pai rico afirmava: "Uma das grandes diferenças entre as pessoas dos quadrantes A e D é o número de clientes que elas podem atender." E afirmava ainda: "Se quiser ser rico, seja simplesmente útil para mais pessoas."

Por volta de 1994, o último curso que ministrei reuniu mais de 350 pessoas, cada uma delas pagando US$5 mil para participar. Basta fazer a conta para ver que dinheiro não era problema. O problema era que havia apenas 350 pessoas e eu sabia que, se quisesse realmente ajudar aqueles jovens asiáticos, não seria daquela forma que eu conseguiria. Em outras palavras, eu sabia que era hora de parar e imaginar como poderia passar do quadrante A para o D. Em vez de tentar saltar sobre o Grand Canyon, Kim e eu estávamos prontos para escalar a ladeira do outro lado. Era hora de passar pelo que o pai rico chamava de "o buraco da agulha".

Passando pelo Buraco da Agulha

Como a maioria sabe, um dos problemas do autônomo do quadrante A é a palavra *auto*. Em muitos casos, o autônomo é o próprio produto, a pessoa que é contratada para realizar o trabalho. Quando se observa o Triângulo D–I, começando pelo fluxo de caixa e chegando ao produto, nota-se que o autônomo se encarrega de tudo, de todos os níveis. Na maioria dos casos, o autônomo tem muita dificuldade em passar para o quadrante D. Pode ser difícil tirar o auto da frente do processo.

Era o meu caso entre 1984 e 1994. Eu era essa pessoa. Embora isso fosse intencional, a realidade me incomodava. Uma das perguntas que eu frequentemente me fazia era: "Como posso ensinar o que venho ensinando nas nossas escolas de negócios sem fazer isso pessoalmente?"

Experimentamos treinar outros instrutores, mas o processo se revelou longo, difícil e tedioso. Era difícil encontrar pessoas capazes de concluir o processo de treinamento e se tornar um instrutor. Era difícil ensiná-los a agir do nosso jeito. É preciso muito talento para conseguir que um grupo de mais de trezentas pessoas aprenda contabilidade e investimentos em um só dia. É quase tão difícil quanto ensinar a caminhar sobre brasas.

Capítulo 7

Depois que vendi o negócio, em 1994, tive tempo para voltar à pergunta que vinha me fazendo: "Como posso ensinar o que venho ensinando sem fazer isso pessoalmente?" Mudei-me para a região montanhosa perto de Bisbee, no Arizona, isolando-me, assim, o suficiente para começar a responder a essa pergunta. Trabalhei nisso durante dois anos e, quando fui embora de Bisbee, já tinha a primeira versão de *Pai Rico, Pai Pobre* e um esquema aproximado do jogo de tabuleiro *CASHFLOW*®. Eu estava passando pelo buraco da agulha e indo do quadrante A para o D.

O pai rico ouvira falar do buraco da agulha na escola de catecismo dominical e costumava dizer: "Existe um ditado quase religioso que diz mais ou menos assim: 'É mais fácil um camelo passar pelo buraco de uma agulha que um rico entrar no céu.'" E prosseguia com sua versão modificada do ditado: "Esqueça o camelo. O homem que conseguir passar pelo buraco da agulha ingressará em um mundo de riqueza sem precedentes."

O pai rico era muito religioso e não estava absolutamente fazendo piada com o ditado: o que ele estava era simplesmente incorporando a lição e modificando-a para criar uma lição pessoal. Em termos de negócios, queria dizer que, para passar pelo buraco da agulha, o empreendedor tem que ficar para trás. O que passa pelo buraco da agulha é a propriedade intelectual do empreendedor. Você entenderá melhor o que pai rico queria dizer ao observar o desenho abaixo.

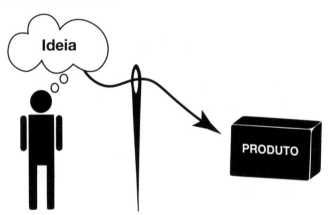

Existem muitos exemplos de empreendedores que, ao longo da história, passaram pelo buraco da agulha. Alguns são:

- Henry Ford passou pelo buraco da agulha quando desenhou um automóvel que podia ser fabricado em série. Até então, a maioria dos automóveis era feita à mão, sob encomenda.

- Quando Steve Jobs e sua equipe da Apple criaram o iPod, o iPad, o iPhone e o iTunes.

- Quando pessoas como Steven Spielberg ou George Lucas fazem um filme.

- Os criadores do McDonald's com sua franquia mundial de hambúrgueres.

- Quem trabalha com o marketing de rede, construindo uma linha de negócios inferior, relacionada à outra.

- O investidor que compra um ativo como um prédio residencial, que rende aluguéis todo mês.

- O político que faz campanha pela televisão está passando pelo buraco da agulha. O que vai de porta em porta, não.

- Inventores e autores que licenciam suas invenções ou livros para uma grande empresa, que, em troca, passa a lhes pagar royalties.

- Ao aplicar o que aprendi com meu pai rico, criar meu jogo de tabuleiro e escrever livros. Assim, também saio do lugar-comum.

- Quando criei as carteiras de náilon e velcro, sem procurar primeiro um advogado de patentes para proteger minha ideia, não passei pelo buraco da agulha. Eu estava simplesmente dando a invenção de mão beijada a meus concorrentes, deixando-os ricos. Eles atravessaram o buraco da agulha e eu caí no fundo do Grand Canyon. Eu tinha um produto novo fantástico, mas não o nível lei para proteger minha invenção; meu Triângulo D–I era insatisfatório.

A Borboleta que Saiu do Casulo

Quando voltei de Phoenix com a primeira versão do livro *Pai Rico, Pai Pobre* e o jogo *CASHFLOW®* nas mãos, sabia que estava passando para o quadrante D. Kim e eu começamos a desenvolver nossa empresa conforme os parâmetros do Triângulo D–I. No momento em que pusemos os produtos no mercado, um paraíso de abundância se descortinou para nós.

A linha de produtos foi oficialmente revelada no meu quinquagésimo aniversário, em 8 de abril de 1997. Com o início da *Rich Dad Company*, tivemos alguns problemas antes de dar vida ao novo negócio. Tivemos que nos esforçar para atender à demanda, viajar pelo mundo para abrir novas frentes e contar o dinheiro que

Capítulo 7

entrava. Em junho de 2000, veio o telefonema da equipe do *Oprah* e então os céus realmente se abriram. Kim e eu estávamos saltando do quadrante A para o D.

A esta altura, comecei a entender melhor o que pai rico queria dizer quando falava em:

- Ser fiel ao processo
- Que o processo me daria um vislumbre de um futuro melhor, bastando para isso ir em frente
- O poder de se dominar o Triângulo D–I
- Domar o poder dos três tipos de dinheiro: competitivo, cooperativo e simbólico
- Passar pelo buraco da agulha

Depois que apareci no programa da Oprah, senti-me realmente como a borboleta que havia finalmente saído do casulo. Antes disso, ninguém me conhecia, mas depois as pessoas passaram a me interpelar na rua dizendo que haviam lido *Pai Rico, Pai Pobre* ou jogado *CASHFLOW®*.

Em 2002, eu estava em um antiquário em Estocolmo, na Suécia. A dona da loja, uma sueca muito loira, era especialista em antiguidades chinesas. Ao me reconhecer, falou: "Estive comprando antiguidades na China, alguns meses atrás. Navegando pelo Yang-tse-kiang, vi uma casa flutuante e a família de moradores jogando a versão chinesa do seu jogo *CASHFLOW®*."

Naquele momento, dei-me conta de haver cumprido a promessa que fizera àqueles jovens que estavam trabalhando como escravos para me deixar rico. Agora meus produtos estavam trabalhando em prol de crianças e jovens exatamente como eles, ensinando famílias, jovens e idosos a fazer com que o dinheiro trabalhasse para eles, em vez de trabalhar a vida toda e depois esperar que algum governo os sustentasse.

Em fevereiro de 2004, o *New York Times* publicou uma matéria de página inteira sobre o jogo *CASHFLOW®* e as centenas de clubes que estavam se formando no mundo todo apenas para jogá-lo e aprender o que meu pai rico havia me ensinado. Mal pude acreditar quando li a matéria. Não consegui acreditar na dádiva. Para mim, a publicação dessa matéria pelo *New York Times* foi um acontecimento tão fenomenal quanto aparecer no *Oprah*.

Quando vi a matéria, soube que aquilo que eu havia aprendido na Escola de Negócios para Empreendedores e na Escola de Negócios para Investidores havia se transformado em um produto de sucesso. As pessoas poderiam agora aprender os fundamentos de contabilidade e investimento em menos de um dia. E como se isso não fosse o suficiente, muitos jogadores passariam a ver o mundo de outra forma. O jogo iria permitir que eles mudassem seus paradigmas, deixando de ver o mundo do dinheiro como um lugar assustador e passando a considerá-lo um lugar empolgante. Em vez de recorrer aos assim chamados especialistas e entregar-lhes inocentemente o dinheiro que tinham, muitos perceberam, depois de jogar o jogo, que podiam ser o próprio especialista financeiro. Assumir o controle de seu futuro financeiro. E foi o que fizeram.

E o melhor de tudo, em vez de ensinar a apenas 350 pessoas de cada vez, obrigando-as a me procurar e pagar alguns milhares de dólares, o jogo *CASHFLOW*® chegaria agora a milhões de pessoas, ensinando-as e tornando-as financeiramente independentes. Em vez de ensinar às pessoas, elas mesmas se ensinariam e depois a outras.

Percebi que o período de 1994 a 2004 estava chegando ao fim quando li aquela matéria do *New York Times*. Contudo, sabíamos que a missão prosseguiria, embora aquele processo estivesse concluído.

Fuja do Senso Comum

Antes de se tornar um empreendedor rico, é bom repassar a lição deste capítulo. O objetivo da missão determina o produto. É muito difícil ganhar muito dinheiro ou ser útil para muitas pessoas simplesmente trabalhando mais. Se quiser ser útil e/ou ganhar bastante dinheiro, você talvez tenha que mudar de caminho e passar pelo buraco da agulha.

Antes de pedir demissão, descubra se será mais feliz no quadrante A ou no D. Se quiser evoluir para o quadrante D, lembre-se de que será necessário um domínio muito maior do Triângulo D–I e uma equipe muito mais poderosa, para que consiga passar pelo buraco da agulha.

E, antes de tudo, talvez você queira fazer um minuto de silêncio em memória das pontocom que fracassaram. Acredito que a razão para que tantos tenham fracassado foi que os empreendedores estavam tentando saltar do quadrante E para o D. Quando a casa caiu, eles também ficaram parecendo o Coiote parado no ar sobre o abismo. Eles não passaram pelo buraco da agulha.

Capítulo 7

Uma Equipe Campeã

O sucesso ou fracasso nos negócios está relacionado à ética do trabalho, determinação e vontade. A maioria das pessoas que dá esse passo tem toneladas das três coisas. No entanto, o principal fator decisivo tem mais a ver com o aprendizado das três habilidades críticas que transformam qualquer negócio em um sucesso.

Em primeiro lugar, você tem que ser capaz de vender para construir um negócio porque "Vendas = Renda". Quando falta receita, isso normalmente ocorre porque o dono do negócio não gosta, não sabe como ou simplesmente reluta em vender. Sem vendas não há receita. Existe um mito que é necessário ser um cão de ataque para vender. Isto não é verdade.

Segundo, você terá que ser capaz de atrair, desenvolver e motivar uma grande e excelente equipe para desenvolver um negócio ou uma rede e sair do quadrante A. E no mundo dos pequenos negócios, todos os membros da equipe têm que estar dispostos a vender, independentemente do cargo que ocupam.

Para fazer acontecer, o elemento fundamental é o terceiro, sua capacidade de ensinar os outros a vender, a ser grandes jogadores em equipe e a ser bem-sucedidos. É essa capacidade que garante crescimento, lucros e longevidade.

A triste verdade é que a maioria dos empresários nunca foi ensinada a fazer nenhuma dessas coisas. Para falar a verdade, a maioria de nós é condicionada a acreditar que vender é uma tarefa incômoda, você tem que fazer por si mesmo as coisas se quiser que sejam certas e ensinar é algo exclusivo da escola. Quando se atua nos negócios, a primeira coisa que se faz para aumentar a receita é ajudar as pessoas a estabelecer o que chamamos de código de honra. O código é um simples conjunto de regras que transforma pessoas comuns em uma equipe de campeões — que não apenas vende, como também quer aprender e impõe a si um nível inacreditável de responsabilidade por conduta pessoal,

Empreendedor Rico

desempenho e resultados obtidos. O código articula os comportamentos essenciais para o sucesso e exige a concordância de todos os membros da equipe em agir dessa forma.

A maioria das pessoas gosta de fazer o melhor que pode. Como empresário, você tem que criar o ambiente ou contexto que irá fazer com que isso aconteça. Isso não é apenas uma coisa que se pode aprender, mas, sim, algo que irá torná-lo excepcionalmente bem-sucedido. Em matéria de negócios, o que conta muitas vezes não é o que você faz e, sim, como você faz. É isso que irá fazer a grande diferença. São a tenacidade e o compromisso de sua equipe, bem como a paixão por promover e ser útil às outras pessoas, que irão determinar sua reputação, seu sucesso e suas receitas.

Blair Singer
consultor da *Rich Dad Company*
e autor de *Vendedor Rico* e *Equipes Ricas e Vencedoras*

Escolha a Estrutura Ideal

Pouca gente se dá conta disso, mas a escolha da estrutura correta para seu negócio é tão importante quanto a escolha dos sócios.

Se entrar nos negócios acompanhado pela pessoa errada, suas iniciativas estarão desde o início condenadas ao fracasso. A pessoa errada poderá gastar liberalmente demais, obrigar o negócio a firmar contrato que não conseguirá respeitar e até alienar os colaboradores, antes mesmo que o primeiro produto seja entregue ou o primeiro serviço seja executado. O sócio errado pode deixar você desprotegido e anular todas as iniciativas e energias empregadas.

Do mesmo modo, a escolha de uma estrutura jurídica errada também pode levar diretamente ao fracasso. Ao começar, na certa você desejará ter a maior proteção possível para seus ativos. Mas se optar pela propriedade individual que não oferece nenhum tipo de proteção, você correrá o risco de perder tudo

Capítulo 7

que colocou no negócio, bem como seus ativos pessoais. Os queixosos e seus respectivos advogados adoram os negócios de propriedade individual porque podem agravar tanto os ativos do negócio quanto os pessoais no momento que movem um processo judicial e atingir todos eles.

Será preferível escolher uma estrutura adequada, como uma sociedade anônima ou limitada. Estas pessoas jurídicas protegerão seus ativos pessoais em caso de ataque contra o negócio. E tal como o sócio correto, a pessoa jurídica correta irá ajudá-lo a aumentar sua proteção e perspectivas de futuro.

Garrett Sutton,
consultor da *Rich Dad Company* e autor de
Buying and Selling a Business
Start Your Own Corporation
Writing Winning Business Plans e
The ABCs of Getting Out of Debt

LIÇÃO DO MUNDO REAL #8

Construa um Negócio Capaz de Fazer o que Nenhum Outro Faz

Capítulo 8
A MISSÃO DE UM LÍDER

O Líder

"Qual é a missão de um líder?", perguntei ao pai rico.

"Bom, existem diversas tarefas que são muito importantes. É difícil dizer qual é a missão exatamente. Em vez de destacar um ponto, vou lhe dizer quais são as tarefas que acredito serem as mais importantes."

A lista que ele enumerou foi a seguinte:

1. Definir claramente a missão, os objetivos e a visão que a empresa tem de si mesma e do mundo
2. Encontrar as pessoas mais expertas e reuni-las em uma equipe
3. Fortalecer internamente a empresa
4. Expandi-la
5. Melhorar os resultados financeiros
6. Investir em pesquisa e desenvolvimento
7. Investir em ativos tangíveis
8. Ser um bom cidadão corporativo

"O que acontece se o líder não cumprir uma dessas tarefas?", questionei.

"Será necessário mudar de líder", respondeu o pai rico. "Além disso, a empresa provavelmente desaparecerá de uma forma ou de outra se o líder não cumprir estas tarefas. É por isso que a maioria das novas empresas desaparece no prazo de dez anos."

Capítulo 8

Apenas uma Missão

Ao longo dos anos, conheci muita gente que tinha um sentido extremamente sólido de missão. Encontrei pessoas que me procuravam e diziam coisas como:

- "Quero salvar o planeta."
- "Minha invenção eliminará a necessidade de combustíveis fósseis."
- "Quero fundar uma instituição de caridade que dê abrigo às crianças de rua."
- "Minha tecnologia é aquilo pelo qual o mundo aguarda."
- "Quero encontrar a cura para essa doença."

Embora as preocupações dessas pessoas sejam sinceras, a maioria desses bons samaritanos fracassou na missão simplesmente porque tudo que tinham era uma missão. Se observássemos as qualificações dessas pessoas sob a óptica do Triângulo D–I, veríamos mais ou menos o seguinte.

Inabilidade nos Negócios

Mencionei anteriormente que muitas pessoas passam anos na escola ou no trabalho desenvolvendo habilidades irrelevantes para o Triângulo D–I. Basta lembrar o exemplo dos professores, que talvez tenham anos de experiência em matéria de ensinar e, no entanto, essa experiência toda não se aplica ao Triângulo D–I caso a pessoa decida se transformar em empreendedor. Essa pessoa simplesmente não terá nenhuma habilidade para negócios.

Também enfrentei esses percalços quando saí da Marinha em 1974. Eu tinha então duas profissões e a primeira me habilitava a comandar navios de qualquer tonelagem, pelo mundo todo. Eu poderia ganhar muito dinheiro nessa profissão, mas o problema era que eu não queria mais capitanear navios.

Minha segunda profissão era a de piloto militar, com anos de treinamento e experiência. Muitos amigos foram trabalhar como pilotos para empresas de aviação ou para a Polícia e o Corpo de Bombeiros. Eu poderia ter feito a mesma coisa, só que não queria mais pilotar aeronaves.

Em 1974, quando voltei para casa e encontrei meu pai enfrentando problemas financeiros, desconfiei que havia encontrado minha nova missão ou pelo menos um problema que merecia ser resolvido. O problema era que a única coisa que eu tinha era uma missão. Observando-se o Triângulo D–I, nota-se que cada nível exige pessoas especificamente treinadas em contabilidade, marketing, logística, direito e criação. Não há nenhum nível dizendo comandante naval ou piloto. Sendo assim, eu estava na mesma situação que as pessoas que mencionei — que têm uma missão, mas carecem de habilidades para os negócios.

O que eu tinha a meu favor eram os anos de aprendizado sob orientação do meu pai rico. Ao passar pelos negócios dele, eu havia trabalhado em todas os aspectos do Triângulo D–I e tinha, portanto, certa experiência nos negócios, mas apenas como aprendiz. Pelo menos eu sabia que um negócio é um sistema de sistemas e conhecia a importância do Triângulo D–I como estrutura de um negócio.

Queixando-me ao Pai Rico

Um dia queixei-me ao pai rico pelo fato de não ter quase nenhuma habilidade aplicável ao Triângulo D–I. Apontei o lado Equipe do triângulo e reclamei que nenhuma empresa importante me contrataria para sua equipe. Choraminguei por não ter uma escolaridade formal em nenhum dos níveis. Depois que acabei de reclamar, olhei para meu pai rico e fiquei esperando uma resposta que fosse simpática, mas tudo que ele disse foi: "Eu também não tenho."

Tudo que o pai rico teve para começar foi uma missão.

Capítulo 8

O que um Líder Faz?

A tarefa do líder é modificar a empresa para permitir que ela cresça e seja útil para mais gente. Se não conseguir modificá-la, o líder a manterá pequena e esta poderá começar a naufragar.

Recorro mais uma vez ao Triângulo D–I para esclarecer este ponto.

Quando eu estava no quadrante A, nossos produtos eram a Escola de Negócios para Empreendedores e a Escola de Negócios para Investidores. O problema do negócio era que eu fazia parte demais do produto, bem como do resto do Triângulo D–I. Se quisesse ser um líder, eu teria que parar e reformular totalmente o negócio. Tentar adaptar um negócio mal projetado, com este funcionando, seria a mesma coisa que tentar trocar um pneu com o carro em movimento. Foi por isso que Kim e eu paramos e fizemos uma pausa de dois anos, antes de organizar um novo negócio.

A Construção de um Novo Triângulo D–I

Quando voltei das montanhas próximas a Bisbee, no Arizona, tudo que eu tinha era um esquema do jogo *CASHFLOW*®, uma versão grosseira do livro *Pai Rico, Pai Pobre* e um plano de negócios simplificado de duas páginas. Como único empregado de minha empresa ainda a ser organizada, eu sabia que meu próximo passo era encontrar as pessoas certas e reunir uma equipe.

Empreendedor Rico

Esquematizar o jogo foi a parte fácil. Minha primeira providência foi encontrar alguém que pudesse desenvolver os sistemas de informação necessários para que o jogo funcionasse. O jogo teria que literalmente mudar a maneira como as pessoas raciocinam sobre dinheiro. Naquela época, existia apenas uma pessoa que eu sabia que tinha uma mentalidade assim. Um velho amigo chamado Rolf Parta, apelidado carinhosamente de Spock. Nós o chamávamos de Spock porque ele era a cara do ator Leonard Nimoy, do famoso seriado *Jornada nas estrelas*. Acontece que ele era também tão inteligente quanto a personagem encarnada por Nimoy.

É aqui que os quatro tipos de raciocínio são importantes. Na primeira fase do negócio, raciocinei como um pensador C e P. Eu era suficientemente criativo para desenhar um esquema aproximado do jogo e sabia como as pessoas aprendiam, a partir dos dez anos que passara ensinando. Spock contribuiu com os pensamentos T e A. Sendo um contador público certificado e com diploma de MBA, além de antigo gerente de banco com um QI extremamente elevado, Spock é um homem que vive em um mundo todo seu. Poucas pessoas conseguem manter um diálogo no mesmo nível que ele, porque ele conversa em uma espécie de dialeto do inglês que duvido que alguém mais entenda.

Fui visitá-lo e espalhei meus desenhos e diagramas grosseiros sobre a mesa da sala de jantar. À custa de algumas palavras, muitos gestos e apontando para meus desenhos, consegui finalmente me comunicar e iniciar um diálogo com Spock. É complicado ser o lado criativo e humano de um projeto e conversar com aquilo que, esperava eu, fosse o lado técnico e analítico.

Finalmente, após uma hora de discussão, os olhos de Spock se iluminaram. Ele estava começando a entender o lado humano e criativo. "Para que as pessoas vão querer este jogo?", perguntou ele. "É puro lugar-comum."

Achando graça, eu comentei: "É senso comum para você que tem um MBA. Você é um contador certificado e já foi gerente de banco; portanto, isto aqui é lugar-comum para você. Mas é como uma língua estrangeira para outras pessoas. Para muita gente, este jogo será uma forma radicalmente nova de raciocinar."

Spock deu um sorriso. As pontas de suas orelhas ficaram um pouco mais compridas. "Me dê um prazo de três meses que eu lhe entregarei o que você está querendo." Combinamos um preço, apertamo-nos as mãos e eu fui embora, certo de que havia achado a pessoa certa para a tarefa.

Três meses mais tarde e depois de muita interação, ele me apresentou todas as complexas equações matemáticas que havia montado. Eu fizera minha parte e havia

Capítulo 8

desenhado alguns esboços melhores. Juntos, Kim, Spock e eu jogamos uma partida, que transcorreu surpreendentemente bem. O jogo era difícil, mas os números funcionavam, as lições se revelavam e ficamos todos contentes.

A próxima pessoa com que me encontrei foi um advogado especializado em propriedade intelectual, para começar o processo de registro de patentes, marcas e alinhar outras questões legais.

Spock colocou novamente seu pensamento A para trabalhar, usando desta vez sua mente analítica e testando o jogo em um computador. Submeteu o jogo a 150 mil simulações diferentes, sem que houvesse uma falha, e estava sorrindo de uma orelha a outra quando me entregou páginas e páginas de cálculos matemáticos. O desafio representado pelo projeto o deixara felicíssimo.

Até hoje não tenho a mínima ideia do que aqueles cálculos querem dizer, mas meu advogado sorriu do mesmo jeito quando lhe entreguei a papelada. Senti-me como se tivesse voltado aos bancos escolares. Dois primeiros da classe adorando fazer as provas e eu, o aluno medíocre ou menos ainda, pensando por que diabos eles ficavam tão contentes com aquilo.

Como você talvez já tenha adivinhado, eu já estava construindo um novo Triângulo D–I. Como empreendedores, Kim e eu tínhamos uma clara missão. Naquele momento, como líderes do projeto, estávamos montando uma equipe.

Depois de um mês, meu advogado telefonou novamente e disse: "Agora você pode ir em frente e mostrar o jogo a outras pessoas. Ainda não temos a patente, mas já registrei a solicitação e seus direitos estão garantidos. Mesmo assim você terá que fazer as pessoas assinarem compromissos de confidencialidade antes de verem seu produto."

Como talvez vocês se lembrem, foi isso que eu não fiz quando inventei as carteiras de náilon e velcro. Poucas semanas depois que desenvolvi o produto, comecei a vendê-lo sem nenhuma proteção legal. Em menos de três meses, nossos concorrentes já estavam vendendo minha criação. Eu havia cometido um erro devastador. Mas a lição que eu havia aprendido a partir daquele erro estava agora em vias de compensar muito.

O Teste Final

Kim, Spock e eu trabalhamos durante as semanas seguintes para aprontar nossos protótipos do jogo. Havíamos jogado com vários amigos e o jogo funcionou muito bem. A razão para o jogo ter funcionado tão bem era que todos esses amigos eram investidores. Agora iríamos fazer o teste beta, verdade, em uma série de partidas experimentais, para verificar se o jogo também funcionava com pessoas comuns.

Àquela altura, o jogo era apenas alguns desenhos rudimentares em papel de embrulho mais grosso e usávamos balas de diferentes calibres como peças de jogo. As balas eram ótimas porque seu peso mantinha o papel nivelado.

Reservamos a sala de conferências de um hotel, capaz de acomodar vinte pessoas, e começamos a convidar pessoas, principalmente estranhas, para entrar e jogar. Você não tem ideia de como isso é difícil. A maioria das pessoas achava uma desculpa para não jogar quando ficava sabendo que o jogo era sobre contabilidade e investimentos.

"Exige matemática?", perguntou uma pessoa.

Quando eu disse que sim, desistiu.

O Jogo

Em uma bela manhã de sábado, nove dos dez convidados entraram na sala. O décimo simplesmente não apareceu.

Depois de alguns salamaleques, começamos a jogar. Havia duas mesas — uma com quatro pessoas e a outra com cinco. Passadas mais ou menos três horas, uma pessoa levantou o braço para avisar que havia ganhado. O jogo havia funcionado — pelo menos para uma pessoa — e continuamos jogando.

Capítulo 8

Finalmente encerramos a partida, por volta de uma da tarde. A frustração foi tão grande que achei que o teste ia acabar em briga. Só uma pessoa conseguiu sair da Corrida dos Ratos. Ninguém mais havia ganhado. As pessoas apertaram minha mão ao saírem, mas quietas. A maioria apenas me olhou de um jeito estranho e foi embora.

A Hora H

Kim, Spock e eu analisamos o que havia acontecido, depois que guardamos as peças do jogo. "Talvez seja difícil demais", levantei a hipótese. Kim e Spock concordaram com a cabeça.

"Mas uma pessoa escapou da Corrida dos Ratos. Ela ganhou o jogo", disse Kim, a eterna otimista.

"Sim, mas a maioria não conseguiu", resmunguei. "Eles não saíram da Corrida dos Ratos. Não aprenderam nada. Só ficaram frustrados."

"Fiz o melhor que pude para simplificar o jogo", disse Spock. "Não sei se vou conseguir torná-lo ainda mais fácil sem prejudicar seus objetivos."

"Bom, vamos levar tudo para o carro e ir para casa. Kim e eu vamos embora para o Havaí amanhã. Teremos que decidir entre ir em frente com o projeto ou mandar tudo para o espaço."

Durante a semana seguinte, Kim e eu nos levantávamos, tomávamos café e íamos caminhar na praia. Certa manhã, eu acordava todo entusiasmado, pronto para ir em frente com o projeto. Na manhã seguinte, acordava deprimido, querendo encerrar o projeto. Isso durou uma semana e foram umas férias horríveis.

A razão para eu ter me alongado tanto é que aquele foi um período muito difícil para mim. Quando as pessoas dizem que têm medo de assumir riscos e ir em frente com um projeto, lembro que eu também tenho. Kim e eu vivemos um período de turbulências. Tudo estava no limite. Era pegar ou largar. Tratava-se de cumprir a missão ou simplesmente voltar a ganhar dinheiro.

Kim e eu acreditávamos que as principais lições ensinadas pelo pai rico seriam transmitidas pelo nosso jogo. Sabíamos que deveríamos ir em frente. Spock, Kim e eu havíamos passado pelo buraco da agulha. Pegamos a sabedoria que eu recebera do pai rico e a colocamos em um produto tangível.

Tudo isso aconteceu no verão de 1996. Kim e eu então fizemos acontecer, contratamos o artista gráfico que desenvolveu o jogo. Ele despachou as artes finais para uma empresa fabricante de jogos no Canadá. Em novembro de 1996, a versão comercial foi jogada no seminário de investimentos promovido por um amigo em Las Vegas, Nevada. O jogo foi um sucesso. Os participantes o adoraram. A mudança de paradigmas que queríamos estava acontecendo. Voamos imediatamente para Singapura, para o workshop de investimentos que outro amigo ia promover. O jogo fez mais uma vez a magia da mudança acontecer.

Marcas Registradas e Identidade Visual

Em seguida, trabalhamos nos padrões que identificam as marcas da *Rich Dad Company*. Você deve ter notado que todos os nossos produtos têm um tema, uma aparência e uma sensação semelhantes. As cores que utilizamos são tons secundários específicos — púrpura, amarelo e preto. As pessoas associam este esquema de cores à *Rich Dad Company*. Se alguém infringe nossa identidade visual ou marcas registradas, o que acontece com frequência, nossa equipe de advogados entra em contato. Nossas marcas registradas e identidade visual são chamadas de "propriedade intelectual" e são válidas em todo o mundo. Na China, chamam a *Rich Dad Company* de "tempestade púrpura".

O Negócio Decola

O negócio começou a decolar quase imediatamente, assim que foi organizado. Os pedidos começaram a chover. O dinheiro veio atrás. Todas as dívidas foram imediatamente pagas e, em pouco tempo, o negócio estava estourando. Fomos obrigados a comprar um prédio comercial com possibilidade de ampliação para instalar a empresa. O livro *Rich Dad Poor Dad* entrou na lista de best-sellers do *Wall Street Journal* e do *New York Times*, apesar de não ter sido publicado por uma editora grande.

As editoras começaram a telefonar, oferecendo-nos muito dinheiro para firmarmos um contrato. A equipe do *Oprah* telefonou e nosso negócio explodiu depois que estive no programa, no verão de 2000. Havíamos nos transformado em sucesso internacional praticamente da noite para o dia.

Como Expandir uma Empresa

Existem inúmeras formas de expansão.

1. **Replicar todo o Triângulo D–I**
   Basicamente falando, abrem-se mais negócios depois que se resolve os problemas do primeiro. Existem muitos restaurantes que têm filiais bem-su-

Capítulo 8

cedidas espalhadas na mesma cidade. Para crescer, talvez seja necessário mudar a liderança. É muito frequente que o dono venda o negócio para uma empresa maior e comece tudo de novo.

2. **Franquia**
O McDonald's é o exemplo mais famoso de expansão desta modalidade.

3. **Abrir o capital**
Valendo-se do capital de investimento de entidades como Wall Street, a empresa pode aproveitar um suprimento praticamente ilimitado de dinheiro, desde que continue crescendo.

4. **Licenciar produtos**
Foi assim que escolhemos expandir a *Rich Dad Company*. O licenciamento consiste basicamente em autorizar outras empresas a fabricar seus produtos. Conforme nosso sucesso foi aumentando, nosso licenciamento, ou seja, o nível aspectos legais do negócio, expandiu-se para mais de 42 idiomas diferentes em mais de 55 países. Não precisamos de um estoque gigantesco para nossos livros. Ou contratar um enorme corpo de vendedores ou lidar com estoques ou despachos para que nossos produtos cheguem ao mundo todo.

Tática Única, Plano Multiestratégico

Minha formação militar exigiu que entendêssemos a diferença entre tática e estratégia. Dito de maneira simplificada, as táticas são aquilo que se põe em prática. A estratégia é o planejamento que permitirá que as táticas sejam implementadas.

Um de meus instrutores militares era irredutível quanto à importância de se utilizar uma só estratégia e diversas táticas para se ganhar uma guerra. Ele dizia: "O líder militar tem que se concentrar em um objetivo ou tática. Ele deve buscar uma única coisa. O restante será a estratégia de execução das táticas." E recorria a exemplos de conflitos militares ganhos pelo líder que tinha as melhores estratégias concentradas em uma única tática.

Não esqueci o que ele havia nos ensinado, quando ingressei no mundo dos negócios. Percebi imediatamente que as empresas que recorriam a uma só tática e a múltiplas estratégias eram aquelas que venciam nos negócios. A Domino's Pizza, por exemplo, vale-se de uma única tática para derrotar a concorrência. Objetivando se diferenciar na guerra das pizzarias, a Domino's desenvolveu um negócio centralizado em uma única tática: "Entregar a pizza em até trinta minutos." Todo o negócio foi projetado em função de uma só promessa, uma só tática. Para transformar essa única tática em realidade, a empresa adota então vários planos estratégicos. A Domino's começou a conquistar sua fatia de mercado, subtraindo os clientes da concorrência assim que entrou no mercado. Os concorrentes como a Pizza Hut não conseguiram evitar isso porque suas instalações não haviam sido projetadas para fazer o mesmo. Visando combater a Domino's, a Pizza Hut aumentou a publicidade — o nível comunicação —, anunciando o lançamento de novos tipos de pizza — o nível produto. A guerra das pizzarias estava instaurada. As armas da Pizza Hut foram os produtos melhores e as da Domino's, a promessa de uma entrega mais rápida.

Se você leu o livro de Jim Collins, *Empresas Feitas para Vencer*, deve ter notado que muitas empresas de grande porte utilizam uma única tática. Jim Collins não chama isso de tática única, plano multiestratégico, mas de "princípio do porco-espinho".

Em seu livro, ele utiliza o Walmart como exemplo de tática única — bons produtos pelo menor preço —, este seria o motivo de conseguir derrotar a concorrência, que adota táticas múltiplas ou ainda mais estratégias. Em outras palavras, os concorrentes do Walmart simplesmente não definiram com clareza as próprias táticas únicas. Todas as atividades do Walmart giram em torno de uma só promessa, que evidentemente agrada os clientes. Isso significa que o Walmart não ganha no nível produto. Tal qual a Domino's, vence no nível sistema do Triângulo D–I.

Você talvez se lembre de que Thomas Edison também ganhou a batalha da luz elétrica no nível sistema e não no nível produto. Henry Ford também venceu a partir do nível sistema. Ele simplesmente fabricou carros baratos em massa para as famílias da classe operária. Nunca disse que faria os melhores carros. Prometeu simplesmente os carros mais baratos e depois centralizou seu negócio em função dessa promessa. O McDonald's não faz o melhor hambúrguer que existe. Ray Kroc construiu seu negócio em função da ideia de oferecer a melhor franquia possível, às pessoas que queriam operá-la.

O plano de negócios que elaborei enquanto estive nas montanhas do Arizona foi baseado em uma única tática e três estratégias. A primeira página daquele simples plano de duas folhas era mais ou menos assim:

TÁTICA: JOGAR *CASHFLOW*®

ESTRATÉGIAS: 1. PUBLICAR UM LIVRO

                       2. VEICULAR UM ANÚNCIO

                       3. MINISTRAR SEMINÁRIOS COM O JOGO

Capítulo 8

Na segunda página, planejei resumidamente como eu achava que conseguiria colocar em prática as três estratégias.

A única tática era conseguir levar o máximo de pessoas possível a jogar o jogo. Eu sabia que havia inventado um grande jogo e que, se as pessoas o jogassem, suas vidas mudariam. Elas conseguiriam enxergar todo um mundo novo de oportunidades. Ficariam menos sujeitas a entregar impensadamente seu dinheiro a pessoas que consideravam especialistas, como os gerentes de fundos mútuos, e poderiam ser motivadas a se transformar nos próprios especialistas em finanças.

Era isso. Eu sabia que, se fosse bem-sucedido, ganharia dinheiro tanto com as estratégias quanto com a única tática.

Uma Ideia Pouco Arriscada

Primeira lição: Tenha sempre uma ideia ou estratégia de baixo risco em que se apoiar.

O pai rico me ensinou que, sempre que iniciar um negócio ou fizer um investimento, terei que ter uma ideia de baixo risco. Quando se investe em imóveis, por exemplo, esse investimento será pouco arriscado se render um pouco a cada mês. Mesmo que o valor da propriedade não aumente, ainda assim se recebe alguma remuneração pelo dinheiro investido.

A estratégia de promover seminários sobre investimentos foi minha ideia pouco arriscada. Uma vez que já tinha experiência em matéria de seminários, eu sabia que, se as outras duas estratégias não dessem certo e ninguém quisesse saber do meu jogo, poderia recuperar o que havia investido no desenvolvimento do produto simplesmente promovendo seminários sobre investimentos.

Em poucas palavras, uma ideia pouco arriscada é algo que você pode colocar em prática.

Construa um Negócio Capaz de Fazer o que Nenhum Outro Faz

Segunda lição: Organize um negócio em função de uma vantagem tática exclusiva.

Segundo meu plano, adotando a tática de jogar o jogo, eu praticamente eliminaria toda a concorrência, porque as precauções jurídicas eram consistentes e ninguém mais poderia fazer o que fazíamos.

Ninguém mais teria nosso jogo *CASHFLOW*®. Como dizia o pai rico: "Construa um negócio capaz de fazer o que nenhum outro faz."

Em poucas palavras, concentre todas suas iniciativas em sua força essencial, em seu produto exclusivo.

O plano funcionou. Depois que nosso livro teve um certo sucesso, licenciamos outras editoras ao redor do mundo para publicar as traduções em outros idiomas. Licenciamos o direito de vender alguns de nossos produtos através de informes publicitários na televisão. E fomos para a estrada para realizar seminários sobre investimentos nos Estados Unidos, na Austrália e em Singapura. O dinheiro começou a entrar a partir das três estratégias, bem como a partir dos jogos vendidos. Quando falei sobre dinheiro simbólico, eu realmente não achava que iríamos ganhar tanto dinheiro quanto ganhamos, partindo apenas de nossas estratégias. Foi como mágica.

Mais Estratégias Hoje

Atualmente, a tática continua sendo a mesma. Todas as nossas estratégias se concentram em levar as pessoas a jogar *CASHFLOW*®.

Hoje em dia, o número de estratégias aumentou. Nosso negócio abrange o seguinte:

1. Livros em 42 idiomas
2. Jogos em 14 idiomas
3. Marketing de rede baseado em nossos produtos
4. Empresa de treinamento
5. Empresa de palestras
6. Programa de rádio nacional
7. Clubes CASHFLOW ao redor do mundo
8. Jogos online
9. O richkidsmartkid.com (conteúdo em inglês), um site que oferece jogos gratuitos e um currículo para crianças em idade escolar

Nossa empresa cresce agregando parceiros que possam aumentar nossas estratégias. Concedendo licenças ou formando joint ventures, não somos obrigados a aumentar o número de empregados da *Rich Dad Company*. A empresa continua relativamente pequena, mas tem grandes parceiros.

Capítulo 8

Três Tarefas de um Líder

No início deste capítulo, relacionei uma série de tarefas que o pai rico considerava importantes em um líder. Depois que o produto foi desenvolvido e legalmente protegido através de patentes e marcas registradas, Kim e eu nos concentramos nas seguintes três tarefas de líderes:

1. Fortalecer internamente a empresa
2. Expandi-la
3. Melhorar os resultados financeiros

Trabalhando pelo Dinheiro Cooperativo

A empresa passou sem dificuldades por todo esse rápido crescimento. Em vez de o sucesso nos destruir como no caso da empresa de carteiras de náilon e velcro, o crescimento da *Rich Dad Company* só a tornou mais forte. A empresa cresceu porque fomos cooperativos, trabalhamos pelo dinheiro cooperativo. Cada dólar proveniente de nossos parceiros estratégicos licenciados foi um dólar cooperativo. Cooperando em vez de competindo, tanto nós quanto nossos parceiros estratégicos ficamos ricos. Se é que posso dizer, acredito que nossa pequena empresa foi muito bem projetada. Alavancamos os talentos de nossa equipe para desenvolver e proteger a propriedade intelectual e depois alavancamos a propriedade intelectual, através do licenciamento no mundo todo. Encontramos a equipe certa para nos orientar neste processo.

A *Rich Dad Company* não passou pelas dores do crescimento que muitas empresas pequenas enfrentam. Não tivemos problemas de fluxo de caixa, nem de espaço ou aumento no quadro de empregados. A empresa continuou basicamente do mesmo tamanho, apesar de havermos crescido exponencialmente. O que aumentou foi o número de parcerias estratégicas. Todos aqueles anos de erros, acertos e aprendizado estavam começando a valer a pena.

Sem Projeções

Hoje em dia, Kim e eu vivemos em um mundo melhor do que jamais havíamos sonhado, em vez de termos apenas um vislumbre desse futuro. Parece mágica e é. O dinheiro e o estilo de vida são evidentemente magníficos, mas a verdadeira magia é a sensação de ser alguém. Quando penso em meu pai desempregado, sentado em frente

Empreendedor Rico

ao televisor, nas crianças trabalhando na Ásia para fabricar minhas carteiras de náilon e velcro e nas famílias jogando *CASHFLOW®* perto do Yang-tse, vejo que esta foi a verdadeira mágica. Como diria o dr. Buckminster Fuller: "A obra do grande espírito." E como diria Lance Armstrong: "Não se trata da bicicleta."

Missão Cumprida

Percebi que minha missão como empreendedor fora cumprida assim que li a matéria do *New York Times* sobre o jogo *CASHFLOW®*. Havíamos feito nosso papel. Kim e eu levamos o negócio tão longe quanto possível. Percebemos que era hora de formarmos uma nova equipe. No verão de 2008, a nova equipe foi instaurada. Ela havia mudado, mas a missão é a mesma.

Suas tarefas como líder serão:

- Definir claramente a missão, os objetivos e a visão que a empresa tem de si mesma e do mundo
- Encontrar as pessoas mais expertas e reuni-las em uma equipe
- Fortalecer internamente a empresa
- Expandi-la
- Melhorar os resultados financeiros
- Investir em pesquisa e desenvolvimento
- Investir em ativos tangíveis
- Ser um bom cidadão corporativo

LIÇÃO DO MUNDO REAL #9
Não Brigue por Clientes

Capítulo 9

COMO ENCONTRAR BONS CLIENTES

Certo dia, durante meu primeiro ano do Ensino Médio, o pai rico e eu estávamos passando pela porta de um hotel quando ouvimos um homem gritando lá dentro: "Não pago um centavo a mais. Vocês não respeitaram o combinado."

Olhando para dentro, vimos uma família de cinco pessoas e percebemos que havia sido o pai que gritara com o recepcionista, que vestia uma camisa estampada com motivos havaianos. "Mas o senhor só fez um depósito", contestou o recepcionista. "Ainda não pagou o restante da reserva. Não posso admiti-los como hóspedes até que o senhor pague o restante. O senhor deveria ter depositado o valor um mês atrás. E olhe que ainda teve sorte por havermos mantido a reserva. Estamos na alta estação de veraneio."

"Ótimo que tenham mantido a reserva", rosnou o pai. "Do contrário teriam que se entender com o meu advogado."

"Mas o senhor ainda tem que pagar", disse o recepcionista, firme em sua posição.

"Eu já disse que vou pagar. Você não escuta direito? Registre-nos que eu pagarei. Já fiz até o cheque em nome do hotel. Deixe-nos subir com as crianças e as malas que acertaremos isso de uma vez por todas." (Os cartões de crédito ainda não existiam naquela época.)

"O senhor tem que pagar em dinheiro. Não podemos aceitar cheque. Foi por isso que pedimos que o senhor pagasse antecipadamente. Haveria tempo para que o cheque fosse compensado."

"O que há de errado com você?", perguntou o quase hóspede, aos berros. "Você não entende? Eu disse que vou pagar. Agora leve-nos até o quarto. Ou será que vou ter que falar com seu chefe?"

185

Capítulo 9

Havia começado a juntar gente. Querendo evitar uma cena, o homem da camisa havaiana empilhou a montanha de malas em um carrinho e levou a família para o quarto.

"Eles nunca vão receber", disse o pai rico quando voltamos a caminhar.

"Como o senhor sabe?", perguntei.

"Hospedamos esse mesmo sujeito três anos atrás. Ele aplicou a mesma manobra. Vai entregar o cheque e depois sustar o pagamento."

"E o que aconteceu depois que sustou o pagamento?", perguntei.

"A família já tinha ido embora quando descobrimos a jogada. Telefonamos para ele cobrando, depois que calculamos que já tivesse voltado para casa. Eles moram na Califórnia, se não me engano."

"O que aconteceu?"

"Ele pagou a metade do que nos devia depois que ameaçamos processá-lo. Disse que nosso serviço era péssimo e que achava que a metade era o máximo que merecíamos receber. Disse que estava sendo até generoso pagando a metade. E já que nos custaria mais caro processá-lo, aceitamos. E ainda assim tivemos que esperar seis meses até que ele pagasse."

Caminhamos um pouco em silêncio. Confuso, tive que perguntar: "Isso é comum nos negócios?"

"Sim, infelizmente é. Sempre existirão clientes bons e os desprezíveis. Eu felizmente tenho aproximadamente 80% de clientes bons e uns 5% como esse sujeito — terríveis —, os outros 15% variam", respondeu o pai rico. "Ah, e ainda por cima, esse mesmo homem teve a coragem de ligar para nós no ano passado, querendo comprar um pacote turístico. Um descarado!"

"E o senhor fechou negócio com ele?"

"Está brincando comigo?", riu o pai rico. "Eu já havia posto esse sujeito no olho da rua uma vez. Nosso departamento de reservas tem uma foto e o nome dele na lista Não fazer mais negócios. Quem recebeu o telefonema lembrou-se dele e disse que os pacotes estavam encerrados." (Os computadores, que hoje permitem rastrear os clientes, também não existiam naquela época.)

"O senhor manda clientes embora?", perguntei surpreso.

"Claro", disse o pai rico, "é necessário livrar-se tanto dos maus clientes quanto dos maus empregados. Os bons empregados não irão ficar no negócio se você não se livrar dos ruins. Se não me livrasse dos clientes desprezíveis, perderia não só meus bons clientes como meus bons empregados."

Empreendedor Rico

"Mas algumas reclamações não poderiam ser sua culpa?", perguntei. "Não poderiam ser reclamações legítimas?"

"Sim", respondeu o pai rico. "A culpa é frequentemente nossa. Nossa equipe comete erros e pode até ofender os clientes. Nossos sistemas podem falhar. É por isso que analisamos e levamos a sério cada reclamação. Do mesmo jeito que se olha para os dois lados antes de atravessar a rua. Em se tratando de reclamações, temos que levar em conta os dois lados — o lado do cliente e aquilo que fizemos."

"É difícil mandar gente embora?", perguntei. Aos dezessete anos, eu ficava assustado com a ideia de mandar alguém embora, especialmente um adulto. Era uma coisa que certamente eu não queria fazer.

"É sempre desagradável", disse o pai rico. "É uma das tarefas mais desagradáveis do empreendedor; no entanto, é importante. Seu trabalho é lidar com pessoas. As pessoas são seu maior ativo e seu maior passivo. Um dia você terá que despedir alguém e tenho certeza de que nunca mais esquecerá isso."

Entramos em um restaurante e sentamo-nos para almoçar. A lição sobre o trato com as pessoas continuou assim que a garçonete nos entregou o cardápio e enumerou os pratos especiais. "Com os consultores é a mesma coisa. Você deve estar preparado para se livrar de um consultor ruim. Se seus contadores ou advogados não fizerem um bom trabalho ou se o trabalho for excessivo para eles, ou ainda, se só estiverem interessados em cobrar honorários sem fazer nada pelo negócio, sua empresa será prejudicada. E o responsável será você se não se livrar dos maus consultores. O preço final de uma assessoria ruim acaba sempre sendo muito maior do que aquilo que você pagaria por uma boa orientação. Tive um contador que me deu US$60 mil de prejuízo em impostos não recuperados e multas. E ainda tive que gastar mais US$12 mil para contratar outro contador que endireitasse as coisas. Como se tudo isso não bastasse, esse erro me abalou tanto que não consegui trabalhar direito meses a fio e o negócio foi prejudicado. Portanto, o empresário tem que entender que é responsável pelos próprios erros, bem como pelos erros dos outros."

"O senhor ficou irritado com o contador?", questionei.

"Sim e não. Na verdade, eu não podia recriminá-lo. Minha empresa estava crescendo tão rápido naquela época, que eu não dava muita atenção à qualidade dos meus assessores. Não me dei conta de que nem todos os contadores são iguais. Ele deveria ter me dito que não sabia o que estava fazendo, mas não quis admitir isso e tinha medo que eu o mandasse embora. A minha empresa ficou grande demais para a experiência dele. Eu devia tê-lo demitido antes, mas andava muito ocupado. Além disso, eu gostava

Capítulo 9

do rapaz e conhecia a família dele. Eu tinha esperança de que ele crescesse junto com a empresa, o que infelizmente não aconteceu. Finalmente mandei-o embora quando meus prejuízos ficaram exacerbados. Portanto, não digo que a culpa tenha sido dele. Em última instância, eu sou o único responsável pelo negócio. Seus assessores têm que crescer junto com a empresa. Essa foi uma lição valiosa que nunca mais esqueci."

"Foi difícil mandar o contador embora?", perguntei.

"Foi extremamente difícil. Agora, se você não conseguir contratar e demitir pessoas, inclusive você mesmo, é melhor não ser empreendedor. Lembre-se de que seu sucesso ou fracasso como empreendedor depende muito das habilidades de sua equipe. Se tiver pessoas qualificadas, sua empresa crescerá. Se não tiver, seu negócio vai sofrer. Se contratar as pessoas simplesmente porque gosta delas ou são seus parentes e não conseguir demiti-las quando for necessário, terá gente insuficientemente qualificada. Lembre-se de que as pessoas são diferentes e que, como empreendedor, você terá que ser suficientemente flexível para trabalhar com vários tipos — pessoas que têm habilidades, ambições, sonhos, comportamentos e experiências diferentes. Se você não conseguir trabalhar com diferentes tipos de pessoas, seu negócio será prejudicado."

"É por isso que o senhor sempre diz a Mike e a mim: 'A tarefa de um líder é conseguir que as pessoas trabalhem em equipe'?"

"Essa pode ser sua tarefa mais importante. Lembre-se de que os departamentos de um negócio atraem diferentes tipos de pessoas. Os vendedores, por exemplo, são diferentes dos empregados administrativos. São pessoas muito diferentes — quase opostas — e você tem que tratá-los como opostos. Nunca peça a um empregado administrativo que contrate um vendedor. Em vez de contratar uma pessoa decidida, que adora abrir novas portas, o empregado administrativo irá preferir um vendedor calmo, cuja única experiência em vendas foi trabalhar como caixa de supermercado. Além disso, o empregado administrativo vai querer se certificar de que a pessoa gosta de preencher formulários e cumprir a burocracia."

"Por que ele faria isso?", perguntei.

"Porque pássaros da mesma plumagem voam em bando. Os empregados administrativos acham que a burocracia é a parte mais importante de qualquer venda. Não sabem como foi difícil conseguir essa venda. Você verá isso quando estiver no mundo real. Em geral, os vendedores não gostam do pessoal administrativo. E por quê? Porque os vendedores geralmente detestam o trabalho administrativo e o pessoal administrativo morre de medo de vender. Não tente, portanto, transformar um grande vendedor em empregado administrativo ou vice-versa."

Empreendedor Rico

"Então é aí que ocorre a maioria dos atritos?", perguntei. "Entre vendas e administração?"

"Ah, não", respondeu enfaticamente o pai rico. "Um negócio é sempre uma massa de atritos. É um modelo funcional do conflito humano, um pouco de egos sempre em efervescência. E você entenderá por que é assim ao observar o Triângulo D–I. O negócio é uma mescla de pessoas diferentes e temperamentos, talentos, formações, idades, gêneros e etnias igualmente diferentes. Dia após dia, seus maiores problemas serão os que envolvem gente. Um vendedor fez uma promessa que o negócio não poderá cumprir. O cliente ficou louco da vida. Seu advogado não concorda com seus contadores. Os homens da linha de montagem não concordam com o engenheiro que projetou a linha. A gerência está em pé de guerra com seus subordinados. Os técnicos estão brigando com o pessoal de criação. Os analistas não se entendem com o pessoal do departamento de pessoal. Quem tem curso universitário acha que é mais inteligente do que os que não passaram pela universidade. Some-se a isso a política interna ou, pior ainda, as aventuras sexuais que eventualmente acontecem e você nunca mais assistirá à televisão em paz. Na maioria dos casos, o negócio nem sequer precisa de um concorrente. O negócio normal tem tantos concorrentes internos que é até surpreendente que consiga funcionar."

"Então é por isso que o empreendedor precisa saber quando deve demitir alguém. Se uma pessoa prejudicar o equilíbrio, a empresa inteira pode desabar, porque os atritos internos aumentam demais."

"Exatamente", disse o pai rico. "Estou certo de que você vê isso acontecer todo dia na escola. Você já está vendo personalidades diferentes em ação."

Eu sorri e disse: "E no meu time de futebol, no meu time de basquetebol e até na banda do colégio."

"É por isso que cada time tem um treinador, cada banda, um maestro e cada negócio, um líder. A tarefa do líder é apanhar uma série de pessoas e transformá-las em uma equipe. Uma das razões para tantos autônomos ou tantos pequenos negócios não crescerem é que o líder não sabe como lidar com pessoas ou simplesmente não quer ser obrigado a lidar com tanta gente diferente. Seria muito fácil fazer negócios e ganhar dinheiro se não fossem as pessoas."

A garçonete veio tomar nosso pedido. Em seguida, o pai rico continuou: "Vou lhe ensinar três truques que eu sei sobre a maneira de lidar com as pessoas. O truque número um é o que eu chamo de fator chateação. Qualquer pessoa habilidosa ou talentosa é também uma chata. E nisso eu me incluo. Se o fator chateação se tornar maior que o talento e as habilidades, é hora de se livrar da pessoa ou transferi-la para outro setor."

Capítulo 9

Rindo por dentro, falei: "Talvez o senhor acabe ganhando um Prêmio Nobel por haver descoberto o fator chateação."

"Bem que eu mereço. Cada pessoa deste mundo que é obrigada a lidar com pessoas iria me aplaudir de pé."

"E quais são os outros truques?", perguntei.

"Aprenda a contratar devagar e a demitir rapidamente", respondeu o pai rico. "Leve a sério a tarefa de contratar gente. Faça uma triagem cuidadosa. E quando chegar a hora de demitir, demita rapidamente. Há gerentes demais que dão chances demais. E se você não puder demitir o empregado por algum motivo, coloque-o em outro setor e isole-o. Não deixe que ele contamine o resto do pessoal. Talvez você possa ajudá-lo a conseguir emprego em uma empresa onde ele será mais feliz e produtivo. Ou então simplesmente o indenize e mande-o embora. Será mais barato em longo prazo. Lembre-se de fazer isso educada e legalmente. Todo mundo tem que ser tratado com dignidade. Já vi muita gente que ficou aliviada ao ser mandada embora. Descobri que a razão para muitas pessoas arrumarem confusão ou ficarem aquém do esperado não é a preguiça; às vezes a pessoa se sente infeliz por uma série de motivos. E se você, como líder, puder encontrar uma forma de deixá-la feliz, encontre-a."

"O senhor quer dizer que a pessoa pode ser um bom empregado, mas estar trabalhando no departamento errado?"

"Isso acontece o tempo todo", disse o pai rico. "Mas na verdade fui eu quem contratei um bom empregado e coloquei-o na tarefa errada. Fui eu quem deixei a pessoa infeliz."

"E, nesse caso, o que fazemos?"

"Veja, anos atrás, tive um grande vendedor. Jovem, trabalhador e educado com os clientes. Esse vendedor estava ganhando muito dinheiro, para ele e para o negócio. Então, depois de alguns anos, promovi-o a gerente de vendas e ele passou a supervisionar doze vendedores. Ele se saiu muito bem no primeiro ano, mas então começou a chegar atrasado. As vendas caíram e a equipe de vendedores estava descontente."

"O senhor o demitiu?"

"Não. Eu ia demitir, mas achei melhor conversar com ele. Descobri o problema assim que nos sentamos e conversamos de homem para homem. Ao promovê-lo, eu o transformei em um empregado administrativo, obrigado a fazer exatamente o que ele detestava fazer — burocracia. Ah, é claro que ele tinha um título lindo, vice-presidente de vendas, ganhava muito bem e tinha um carro da empresa. Mas odiava a montoeira de burocracia e ter que comparecer a uma reunião após a outra. O que ele gostava mesmo era de sair em campo e conversar com os clientes."

Empreendedor Rico

"Então ele voltou a ser vendedor?", perguntei curioso.

"Sem dúvida. É difícil encontrar bons vendedores. Dei-lhe um aumento de salário, um território maior e deixei que continuasse com o carro da empresa. Ele ficou mais rico e o negócio também."

"E qual é a terceira lição?", perguntei.

"A terceira lição é que existem dois tipos de comunicadores", respondeu o pai rico. "Um deles vem conversar com você cara a cara quando se sente incomodado ou descontente e põe as cartas na mesa."

"E o outro?", perguntei.

"O outro apunhala você pelas costas. Começa a fofocar, a falar mal de você, espalha boatos e reclama com todo mundo menos com você. Os comunicadores deste tipo são basicamente covardes. Falta-lhes a coragem para enfrentar você, para ser direto. Frequentemente o culpam pela própria falta de coragem. Dizem que você é muito vingativo ou que tem medo de serem demitidos. Essa percepção pode até ser correta, mas essas pessoas geralmente preferem falar pelas costas em vez de conversar frente a frente. É simplesmente sua natureza."

"E como o senhor lida com gente assim?", questionei.

"Bom, uma das formas é lembrar à equipe que existem esses dois tipos de comunicadores a cada reunião que se realiza. Eu digo a eles: 'Há gente que fala com franqueza e que fala pelas costas. De que tipo vocês são?' Depois que toda a empresa fica ciente da existência dos dois tipos, os próprios empregados geralmente recordam esse fato a qualquer um que ande fofocando. Isso não acaba completamente com as fofocas, mas reduz o volume e, normalmente, a comunicação geral melhora. Digo também a eles que prefiro ser apunhalado pela frente e não por trás. E assim não digo o que eles devem fazer. Deixo a escolha por conta de cada um."

"O senhor já foi apunhalado pela frente?"

"Ah, várias vezes — e foi porque eu mereci. Eu precisava ser corrigido e lembrado de que devo ter a mente tão aberta quanto a mente de qualquer um. Mas por mais que tivesse doído, doeu menos que uma punhalada por trás."

"As pessoas não têm medo de ser demitidas?"

"Bem, sempre existe esse risco", sorriu o pai rico. "Por isso é preciso ter coragem e uma excelente capacidade de se comunicar para ter sucesso nos negócios. Muitas vezes não é o que você diz, mas como diz. Sendo assim, você tem que colocar seu raciocínio criativo para funcionar quando prevê que o diálogo será penoso e imaginar a maneira mais delicada de dizer o que tem que ser dito. E lembrar-se sempre de que a comunica-

Capítulo 9

ção não consiste apenas em falar. Também é preciso ouvir. Quando duas pessoas incomodadas falam ao mesmo tempo, o atrito aumenta e a comunicação diminui. Deus nos deu dois ouvidos e uma boca para nos lembrar de ouvir mais do que falar."

"Então ser empreendedor tem muito a ver com pessoas e a capacidade de se comunicar com elas."

O pai rico concordou e prosseguiu: "A liderança exige muita capacidade de comunicação. Se quiser ser um bom empresário, concentre-se em melhorar sua capacidade de comunicação. Uma das primeiras etapas do desenvolvimento da liderança é criar coragem para ser um comunicador cara a cara e aumentar sua capacidade de comunicação. Duvido que o negócio cujo dono seja um comunicador do tipo que fala pelas costas chegue algum dia a crescer. O empreendedorismo é para os corajosos e não para os covardes. Se você se empenhar em melhorar permanentemente sua capacidade de comunicação, sua empresa sem dúvida crescerá. Lembre-se de que o fato de estar falando não quer dizer que você esteja necessariamente se comunicando. E em matéria de vendas, falar e ficar falando não é o mesmo que vender. A comunicação é uma coisa muito mais complexa do que ficar simplesmente movimentando o maxilar e a língua."

Fiquei calado, enquanto meu pai rico saboreava o prato que havia escolhido, e voltei a pensar no pai de família irritado que o pai rico havia dispensado como cliente. Por fim, concluí: "Então foi por isso que o senhor disse àquele cliente irritado que as reservas estavam esgotadas. Foi melhor do que dizer o que o senhor achava dele."

"Foi mesmo. Como empreendedor, uma de suas tarefas é proteger sua empresa e seus empregados contra os clientes ruins — os que querem mais do que estão dispostos a pagar ou que querem receber algo em troca de nada. Tive que me livrar daquele sujeito, sem discutir novamente com ele. Eu sabia que ele me apunhalaria pelas costas se entrássemos em discussão. É por isso que faço questão de me livrar dos clientes desprezíveis — de maneira educada e discreta."

"Mas isso não seria crueldade ou discriminação com as pessoas pobres?"

"E quem falou em pessoas 'pobres'?", disse o pai rico erguendo a voz. "A palavra que usei foi *desprezível*. Clientes desprezíveis, não pobres. Existe uma diferença. Existem ricos e pobres desprezíveis. Ser desprezível não tem nada a ver com dinheiro. É uma atitude mental. Em alguns casos, eu diria que é quase uma doença mental. Além disso, não classifico as pessoas desprezíveis na mesma categoria que as que procuram pechinchas. Todo mundo gosta de uma boa pechincha. Mas por mais que alguém queira valorizar o próprio dinheiro, são poucas as pessoas que querem valorizá-lo à custa dos outros. É exatamente o que um cliente desprezível faz. As pessoas desprezíveis são quase ladras, algumas são mesmo. Quando não estão roubando dinheiro, estão roubando seu tempo e energia. Gente assim rouba a paz de espírito."

"Em relação a todo o prejuízo que aquele homem causou a nosso negócio, teria sido melhor hospedá-lo de graça. Ele sugou o ânimo da empresa durante meses. Aparentemente gostava de nos enrolar. Mudava a toda hora o que fora combinado, dizendo que havíamos dito o que não disséramos. Queria sempre levar vantagem, mesmo depois de ter concordado pagar determinada quantia. Parecia gostar que fôssemos atrás dele. E em vez de dedicarmos nosso tempo aos bons clientes, perdemos tempo com um mau pagador. Ter um cliente desprezível pode nos custar os bons clientes. É por isso que eu digo que você tem que se livrar dos maus clientes. Eles saem caro demais. Esta lição é muito importante se você quiser ser um bom empreendedor. Não se esqueça de cuidar muito bem de seus bons clientes e de se livrar dos ruins."

Como Encontrar Bons Clientes

Em matéria de negócios, a palavra *margem* sintetiza um conceito muito importante, tão importante quanto o conceito expresso por *fluxo de caixa*. Na verdade, as duas expressões são intrinsecamente relacionadas. Dito de maneira muito simplificada, a *margem* é a diferença entre o custo de produção e o preço de venda de seu produto. Digamos, por exemplo, que o custo de fabricação de sua engenhoca seja de US$2 e a venda de US$10. Nesse caso, sua margem bruta seria US$8. Existem três razões para a margem bruta obtida a partir do produto ser tão importante.

1. **Custeia o restante do Triângulo D–I**
    Observando o Triângulo D–I, poderá notar que a margem precisa gerar um fluxo de caixa suficiente para custear o resto do triângulo.

Capítulo 9

É a margem que financia a folha salarial, honorários pagos a advogados, sistemas operacionais, marketing e contabilidade de um negócio; tudo isso também é chamado de despesas operacionais.

2. **Determina o preço de seu produto**
Evidentemente, quanto maior for a margem, maior será o preço de seu produto.

3. **O produto e o preço definem seu cliente**
Vamos recorrer a um exemplo da indústria automobilística para esclarecer melhor este conceito. Ninguém ignora que o Rolls-Royce é um automóvel muito caro e atrai um determinado tipo de clientes. Se a Rolls-Royce anunciasse subitamente que vai produzir um modelo econômico, grande parte de seus clientes ricos começaria provavelmente a se interessar por outra marca de automóveis.

Carro Errado, Preço Errado, Cliente Errado

A Jaguar anunciou recentemente que vai parar de fabricar seu modelo popular, pois percebeu que a oferta de um modelo barato havia prejudicado as vendas dos modelos normais. Depois de perder US$700 milhões em um ano, a empresa percebeu finalmente que é obrigada a ficar no segmento dos automóveis mais luxuosos e não tentar obter uma participação no dos intermediários.

Hoje em dia, muitas marcas são produzidas em uma mesma fábrica. Uma indústria que fabrique jeans medianos, por exemplo, também pode fabricar jeans baratos e sofisticados. O produto será basicamente o mesmo, mas os jeans mais sofisticados custarão mais caro e serão vendidos através de um canal de distribuição diferente, como a loja Saks Fifth Avenue. Se a empresa que encomenda e vende os jeans sofisticados quiser lançar um mais barato, será melhor que crie outra marca e utilize outro canal de distribuição, como o Walmart. Na verdade, é exatamente isso que muitas empresas fazem. Fabricam o mesmo produto com marcas diferentes cobrando preços variados de clientes diversos.

Sendo assim, você tem que equiparar o produto e o preço a necessidades, desejos e egos dos clientes visados. Em muitos casos, o ego do cliente é muito mais importante que seus desejos e necessidades.

Quanto Vale Seu Produto?

Em 1996, depois que a produção do jogo de tabuleiro *CASHFLOW*® entrou na reta final e os jogos estavam quase prontos para serem comercializados, a pergunta seguinte foi: "Quanto vale este jogo?", ou seja, "Por quanto podemos vendê-lo?" Quem conhece nosso jogo deve ter notado alguns dos desafios que fomos obrigados a enfrentar. Quando Kim e eu vimos pela primeira vez a versão acabada do jogo, ficamos orgulhosos como os pais de um recém-nascido. Mas também ficamos preocupados. A caixa do jogo ficou ótima, mas achamos que poderia ter ficado mais parecida com as caixas dos jogos recreativos e com menos cara de produto educativo. Quisemos que ela fosse colorida e divertida porque queríamos que fosse divertido aprender. Mas quando vimos o produto acabado, começamos a pensar: "Quanto uma pessoa aceita pagar para se divertir?"

Queríamos que as pessoas soubessem que o jogo era educativo, mas, pensando bem, quanto alguém pagaria por educação? Observando pela primeira vez nosso produto acabado, Kim e eu percebemos que teríamos que enfrentar sérios desafios de marketing.

Querendo descobrir o que o mercado iria achar do nosso produto, reunimos um segundo grupo de pessoas que não nos conheciam, tal como fizéramos por ocasião do teste beta. E perguntamos às pessoas o que achavam da embalagem. O feedback foi desde "Parece maravilhoso" até "Parece estúpido". As pessoas do grupo não sabiam que nós é que havíamos criado o jogo e, sendo assim, suas opiniões foram muito francas.

Em seguida, perguntamos quanto achavam que o jogo deveria custar. Sempre ignorando quem éramos nós e o que a criação do jogo havia exigido, e ainda não tendo jogado o jogo, elas sugeriram preços variando entre US$19,95 até US$39,95. Isso foi ainda mais deprimente. Àquela altura, o custo de cada jogo havia sido de US$46, devido ao pequeno lote de produção, e nele nem incluía o custo de desenvolvimento. Teríamos que começar com um produto com margem negativa, antes mesmo de agregar o custo do resto do Triângulo D–I. Na época em que fabriquei as minhas carteiras de náilon, a piada entre os fabricantes era: "E daí que estamos perdendo US$2 por unidade? Vamos recuperar isso com o volume das vendas."

Recorrendo a um Consultor

Contratamos um consultor da indústria de brinquedos experiente em jogos de tabuleiro. Depois que experimentou o jogo, emitiu sua opinião sobre o *CASHFLOW*®. Seu primeiro comentário foi: "O jogo é difícil demais." Continuou: "As pessoas de

Capítulo 9

hoje são menos inteligentes. Se o *Banco Imobiliário* fosse lançado hoje, ele também seria rejeitado por ser muito difícil. Hoje em dia, os jogos de tabuleiro têm que ser tão simples que as regras possam ser aprendidas em questão de minutos."

Perguntamos também a ele por quanto achava que poderíamos vender os jogos e a resposta foi: "Vocês poderão pedir US$39 no varejo; isso quer dizer que terão que vendê-los por US$20 ou talvez menos no atacado, se forem comercializá-los através de uma grande rede como a Walmart. Talvez tenham que vendê-los até por US$10, só para conseguir que os jogos cheguem às lojas."

"Ainda por cima, mesmo que os jogos cheguem às lojas, teremos um problema considerável com os clientes que devolverem o produto. Pessoas que talvez o comprem achando que é divertido; a caixa do jogo insinua diversão e ele será colocado junto com os outros jogos. Muita gente vai devolver o jogo quando descobrir como é difícil entendê-lo e que se trata de um jogo educativo. Correremos o risco de enfrentar enormes perdas com as devoluções e os jogos danificados."

Procurando Soluções

Era mais que evidente que nosso jogo não era destinado ao grande público. Sabíamos que o jogo não era para qualquer um. O jogo fora desenvolvido para quem achasse que sua educação em matéria de finanças era importante. O problema era encontrar esses clientes em meio a um mar de gente.

Era difícil classificar o jogo em termos demográficos. Se tivéssemos escrito um livro para crianças, por exemplo, seria fácil distribuí-lo. Bastaria colocá-lo em qualquer lugar em que os pais compram coisas para seus filhos. Mas nosso jogo podia ser jogado por qualquer pessoa medianamente inteligente, fosse ela uma criança ou um adulto.

Também não importava se a pessoa fosse rica ou pobre, desde que valorizasse sua educação financeira. E nós sabíamos que nossos clientes queriam ser financeiramente proativos. Depois de ensinar empreendedorismo e investimentos durante anos, eu sabia que as pessoas querem ter mais dinheiro, mas poucas se dão realmente ao trabalho de aprender como ganhá-lo. O desafio era encontrar os clientes que iriam querer o jogo educativo e as informações que ele tinha a oferecer.

Assistindo a um seminário sobre marketing, eu havia aprendido uma diretriz conhecida como os cinco Ps. Creio que os Ps foram identificados por E. Jerome McCarthy. São eles:

Empreendedor Rico

1. Produto
2. Pessoa
3. Preço
4. Ponto
5. Posição

Quem quiser se dar bem no mercado precisa saber qual é o produto, a pessoa que irá comprá-lo, o preço que essa pessoa está disposta a pagar, o ponto em que este produto deve estar para que o cliente possa encontrá-lo e como posicioná-lo no mercado — ou seja, se o produto será o maior, o menor, o primeiro, o último e assim por diante.

Os empreendedores gostam de resolver problemas e eu não sou diferente, mas aquele problema me deixou estagnado. Tudo que eu tinha era o primeiro dos cinco Ps. Certo dia, um amigo me telefonou e disse que iria a Phoenix para assistir a um seminário especial sobre marketing e perguntou se eu também não gostaria de assistir. Agarrei a oportunidade com unhas e dentes.

Havia aproximadamente trezentas pessoas no auditório e, pejo jeito, a maioria era empreendedora. Mas poucas tinham uma aparência corporativa. O apresentador era um sujeito meio agressivo, que ficou falando o tempo todo sobre a maneira como as agências de publicidade jogam nosso dinheiro pela janela em anúncios ou comerciais de televisão que são lindos, mas não vendem nada; um ponto de vista com o qual eu concordo. O homem dizia: "A finalidade do marketing é conseguir que o telefone toque. Com essas agências de publicidade, os únicos telefonemas que recebemos são delas mesmo, pedindo mais dinheiro para pagar mais publicidade, para que elas recebam mais comissões. Agora, ai de quem perguntar se podem garantir ou pelo menos medir suas vendas. Na maioria dos casos, não garantem os resultados. Tudo que elas querem é ganhar prêmios por campanhas criativas — pagas com a verba da publicidade."

Vendas = Renda

O seminário era exatamente o que eu procurava. Marketing para empreendedores e não para grandes corporações que têm milhões de dólares para gastar. O instrutor tinha um histórico de grandes sucessos e usava exemplos reais. Outros pontos que ele deixou bem claros foram:

Capítulo 9

- O empreendedor tem que ser o melhor vendedor do próprio negócio.

- O empreendedor tem que ser o melhor publicitário do próprio negócio.

- As iniciativas de marketing devem gerar vendas e não apenas anúncios bonitinhos ou comerciais elegantes.

Por mais evidentes que sejam essas coisas, é surpreendente o número de empreendedores que delegam esses importantes papéis às agências de publicidade. Em geral, as agências só querem saber das grandes corporações ou dos negócios já consolidados. No caso da startup, o empreendedor tem que fazer o melhor que pode em matéria de marketing e vendas. Os recursos são limitados e cada centavo gasto deve resultar em vendas — porque vendas são igual à renda.

Lembrei-me do pai rico dizendo: "Vendas = Renda." E ele também dizia que a razão para tantas pessoas terem pouca receita é que elas são fracas em questão de vendas. Ele teria adorado estar presente naquele seminário. O instrutor era inflexível em relação ao marketing capaz de resultar em vendas que possam ser medidas e comprovadas.

Lá pelo fim do dia, encontrei a resposta que procurava. Discutindo como decidir o preço de um produto, o instrutor disse: "Existem três pontos em matéria de preço — o de menor preço, o mais e o intermediário. O pior preço é o intermediário. Ninguém sabe quem você é. O problema do menor preço é que sempre existirá quem tente vender por menos e alguém acabará encontrando um jeito de vender mais barato que você. Para ganhar essa guerra de preços, você terá que ganhar cada vez menos dinheiro. E ainda por cima terá que lidar com clientes desprezíveis."

Com isso, as peças do quebra-cabeça começaram a se juntar. Lembrei-me imediatamente da conversa que tivera com o pai rico anos atrás acerca dos clientes desprezíveis. Quando me concentrei novamente no seminário, o instrutor estava rugindo sobre o fato de a melhor posição de combate ser adotar o preço mais elevado. "Tentei manter meus preços baixos quando era um consultor de marketing principiante. O problema era que, quanto mais eu baixava os preços, mais desprezíveis iam ficando meus clientes. Logo, logo eu passava mais tempo discutindo meus honorários com os clientes desprezíveis do que propriamente vendendo meus serviços. Quando aumentei ligeiramente esses honorários, entrei na massa constituída por outros consultores de marketing que cobram preços intermediários. E lá estava eu novamente, discutindo o preço e não o valor do que eu oferecia, daquilo que eu podia fazer por meus clientes. Um dia resolvi ser ridículo e simplesmente aumentei meus honorários, equiparando-os aos mais altos do ramo de consultoria. Em vez de cobrar US$50 por hora, comecei

Empreendedor Rico

a cobrar US$25 mil por dia. Hoje em dia trabalho menos, ganho muito mais dinheiro e atendo a uma classe melhor de clientes."

Minha mente deu um salto quando ele disse que cobrava US$25 mil por dia. Percebi que eu era um dos clientes desprezíveis que ele não queria. Depois que superei o choque de perceber que eu era desprezível, comecei a perceber que era essa mesma insignificância que estava me deixando indeciso quanto ao preço do jogo. Eu estava olhando para o preço e não para o valor.

"Não brigue pelos clientes de ponta de estoque", diz o instrutor. "As soluções de compromisso atraem clientes desprezíveis."

Então me lembrei do quanto o pai rico detestava lidar com gente desprezível. Ele costumava dizer: "Desenvolva seu produto e atribua a ele um preço destinado a clientes especiais que seu marketing deverá então encontrar uma forma de atingir. Seja criativo. Não seja medíocre. A ponta de estoque não é o lugar em que se encontram bons clientes."

O Livro Se Torna Prioridade

Ao anoitecer, fui para casa e fiz uma reunião com Kim. A primeira coisa que disse foi: "Devemos vender o jogo por US$200. Vamos posicioná-lo como o jogo de tabuleiro mais caro do mundo. Não é apenas um jogo. É um seminário acondicionado em uma caixa."

Kim concordou. Ela não vacilou com a ideia de vender um jogo de tabuleiro por aquele montante, apesar de nosso grupo de foco ter dito que deveria custar US$39,95.

Continuei: "Nosso problema é que andamos pedindo a opinião de gente que dificilmente será nosso cliente. Estamos pedindo a opinião de pessoas que compram na ponta de estoque. Temos que encontrar clientes que valorizam a educação e estão dispostos a pagar para aprender."

"Temos que achar um jeito de encontrá-los", acrescentou Kim.

"Nossa prioridade será o livro. Em vez de nos concentrarmos em comercializar o jogo, vamos nos concentrar no marketing do livro. O livro nos ajudará a encontrar os clientes que queremos. Ele será a nossa empresa." Àquela época, eu estava trabalhando no *Pai Rico, Pai Pobre*.

"Então temos que inserir o jogo no livro", disse Kim. "E voltaremos a botar o pé na estrada, realizando seminários sobre investimentos, trabalhando com o mesmo tipo de clientes que temos trabalhado por anos."

Capítulo 9

"É exatamente isso. Finalizamos o livro, voltamos a ministrar seminários para pessoas que pagam por educação financeira. Fizemos isso por anos. É uma ideia de baixo risco. Conhecemos o negócio e sabemos como atingir os clientes."

"Em outras palavras, a tática continua a mesma. A única tática do negócio é conseguir que as pessoas joguem o *CASHFLOW*®. Vamos nos concentrar nas estratégias. Se funcionarem, as pessoas o jogarão."

Kim e eu estávamos de acordo. Éramos uma equipe com um plano unificado.

"Mas por que US$200?", perguntou Kim. "Como foi que chegou a esse preço?"

"Demorou um pouco", respondi. "Mas quando o instrutor disse: 'Um preço mais elevado pode ser percebido como um valor maior', acendeu-se uma lâmpada na minha cabeça. Percebi que estava sendo desprezível e olhando meu produto com olhar mesquinho, em vez de enxergar o valor simbólico do jogo. Então aumentei o preço para US$59, mas continuava parecendo medíocre. Agora eu estava na faixa intermediária e não no topo. Pensei então em US$99 e achei que poderia vender os jogos por esse preço. Portanto, eu ainda não havia chegado ao topo. Senti-me incomodado quando cheguei a US$200 e percebi que havia ultrapassado a zona de conforto. Havia encontrado meu preço."

"Bem, certamente isso nos dá uma margem ampla. Vai nos ajudar a expandir o negócio", disse Kim. "Então vamos comercializar o livro através dos canais de distribuição convencionais. Isso resolverá a categoria ponto dos cinco Ps — colocaremos nosso produto à vista dos clientes em potencial. Em vez de tentar baixar o preço do jogo, para enquadrá-lo em um canal de distribuição, vamos usar um livro de preço convencional e distribuí-lo através dos canais típicos. O livro chamará atenção para o jogo, ou pelo menos nos ajudará a encontrar os clientes, e os seminários o venderão", resumiu Kim. "Mas US$200 ainda me parece caro."

"Bom", comecei a dizer pausadamente, "se compararmos o jogo aos demais jogos, ele não vale US$200. Mas se compararmos a educação que ele oferece, com a educação convencional, o jogo custará na verdade barato. Basta lembrar quanto custa um curso universitário, em termos de tempo e dinheiro. E a verdade é que, na escola, não se aprende lá muita coisa sobre dinheiro ou investimentos. Além disso, quanto vale o dinheiro que as pessoas perdem jogando no mercado de ações? Sem falar na maior perda, as oportunidades que ficam negligenciadas. Há muita gente que quer e sabe que deve investir, mas não o faz simplesmente porque carece de formação financeira. Esse jogo pode não só ajudar uma pessoa a ganhar milhões de dólares, como também a torná-la financeiramente independente."

Empreendedor Rico

"Mas e se as pessoas acharem que estão sendo exploradas?", perguntou Kim.

"Muita gente vai achar mesmo e nunca o comprará", respondi. "Se cobrarmos US$200 pelo jogo, as pessoas terão que pensar sobre o valor antes de comprá-lo. E é isso que queremos que elas façam. Queremos que o preço as faça pensar mais no valor do que na diversão."

"E além disso basta pensar no número de pessoas que cada jogo vai influenciar. Um jogo de US$200 pode atingir centenas de pessoas", acrescentou Kim. "Nem todo mundo terá que comprar o jogo."

"E é por isso que a única tática de nosso negócio é levar as pessoas a jogar — e não necessariamente a comprar o jogo. Quem levar a educação a sério e pagar US$200 pelo jogo será mais propenso a reservar tempo para aprender o jogo. A única forma de se aprender o jogo é jogando. O jogo começa imediatamente a cumprir sua missão. Quanto mais pessoas jogarem e convidarem outras pessoas a jogar, menor será o custo por partida e por jogador e o valor do jogo aumentará. Nossa única tarefa é encontrar pessoas que valorizam a educação e estão dispostas a pagar para aprender."

"Vamos, além disso, dificultar a obtenção do jogo, tornando difícil encontrá-lo. Teremos que ser mais espertos quanto a permitir que as pessoas saibam onde podem nos encontrar, através do nosso site", acrescentei. "Restringindo o acesso ao jogo, em vez de comercializá-lo em massa, salientaremos seu valor educacional. Nossos grupos de foco estavam encarando o jogo como um jogo convencional e não como o instrumento educacional que ele é."

"E se isso não funcionar?", perguntou Kim.

"Aí teremos que desenvolver novas ideias", respondi. "Nunca faltam ideias quando se é criativo. Nossas estratégias apresentam poucos riscos. Com livros e seminários, conseguiremos fluxo de caixa adequado e assim não teremos que vender muitos jogos. Dessa forma, daremos ao jogo a chance de se vender sozinho e encontrar os próprios fãs e canais de distribuição. Se for um produto valioso, o plano funcionará. Se nossos clientes não acharem que é valioso, fecharemos a empresa. Só o tempo dirá."

Como já foi dito anteriormente, o jogo foi comercialmente jogado, pela primeira vez, em um seminário sobre investimentos realizado em Las Vegas, Nevada, em novembro de 1996. Em fevereiro de 2004, quando vi a matéria de página inteira no *New York Times*, percebi que o jogo havia encontrado seu público ideal.

Até agora já vendemos centenas de milhares de jogos e há clubes CASHFLOW por todo o mundo, com reuniões regulares para jogá-lo. Temos poucas reclamações sobre o preço. Nosso retorno é menor que 1%. Encontramos o público-alvo ideal para o jogo.

Capítulo 9

Desenvolva Seu Plano de Marketing

Os cinco Ps são um ponto de partida para seu plano de marketing. Antes de pedir demissão, lembre-se do seguinte:

1. Existem três posições de preço em qualquer mercado — o mais alto, o intermediário e o mais baixo. Decida qual é o preço mais adequado para seu produto. Lembre-se sempre de que o preço intermediário pode ser o mais cômodo, mas que a faixa intermediária também é a mais saturada. É difícil se destacar na média.

2. Os líderes do menor preço não abaixam simplesmente o preço. Os vencedores na categoria menor preço fazem algo brilhante que seus concorrentes não podem fazer. O Walmart, por exemplo, vende os mesmos produtos que os outros varejistas. O que o Walmart tem é um sistema de varejo muito melhor, que permite a este ganhar muito dinheiro com margens menores. Lembre-se do que o pai rico dizia: "Qualquer energúmeno pode baixar seus preços e falir. É necessário ser brilhante para baixar os preços, reduzir as margens e ficar rico." E ele também dizia: "Se optar por concorrer na faixa de menor preço, terá que ser um empreendedor melhor do que aqueles que competem na faixa de alto preço." Uma vez que não sou um empreendedor tão bom assim, acho mais fácil competir na faixa de alto preço.

3. Se pretende cobrar o preço mais elevado do seu nicho de mercado, você terá que dar aos clientes alguma coisa que seus concorrentes não podem dar. Faça a lição de casa se ficar confuso com o que as empresas da faixa de alto preço fazem. Visite uma concessionária que vende carros de luxo e, em seguida, uma que vende carros populares. Ou então um hotel caro e outro barato. Anotando as diferenças, você encontrará uma forma de definir melhor seu produto e seu cliente. Saiba que, quanto maior o preço, menor o número de clientes e mais exato terá que ser seu marketing. Além disso, nunca pergunte a uma pessoa que compra na ponta de estoque o que ela acha do Rolls-Royce.

4. Não tente atender todos os tipos de clientes. Se quiser atingir as faixas de preço alto e preço baixo, crie duas marcas. Como você talvez saiba, a Honda tem a marca Acura e a Toyota, a Lexus. Para mim, os carros parecem idênticos, mas que sei eu? É evidente que os homens de marketing da Honda e da Toyota fizeram um bom trabalho e convenceram o público de que estão ven-

dendo carros diferentes. Como já foi dito anteriormente, o marketing precisa atender às necessidades, desejos e egos dos clientes. Em muitos casos, é o ego que acaba predominando.

5. Ofereça algo a mais, em vez de oferecer descontos. Conheço gente que olha nosso jogo e desiste por causa do preço. Em vez de baixar o preço, preferimos acrescentar produtos ao pacote e depois aumentar seu preço. Como dizia o pai rico: "Vendas = Renda." Portanto, em vez de baixar nosso preço e reduzir nossa margem, o que qualquer um pode fazer, encontramos formas de manter o preço aumentando o valor para o cliente e mantendo-o satisfeito.

6. Os maus vendedores querem sempre novos produtos para vender. Quando trabalhei para a Xerox, eram sempre os piores vendedores que diziam: "Eu venderia mais se tivéssemos novos produtos." Muitos negócios caem nessa armadilha. Procuram novos produtos quando as vendas caem, o que frequentemente resulta no fenômeno chamado "expansão da linha". Quando a linha se expande demais, o cliente pode ficar confuso, porque há produtos demais para escolher. Além disso, um produto pode engolir o outro. O pai rico dizia: "Procure novos clientes, em vez de procurar novos produtos." E complementava: "O empreendedor esperto se concentra em manter felizes os clientes que já tem e procura novos clientes para vender os produtos que já vende."

7. Procure parceiros estratégicos que já vendem para os clientes que você quer atingir. Escrevi anteriormente que existem três tipos de dinheiro: competitivo, cooperativo e simbólico. Uma das formas de enriquecer mais rapidamente, com menor risco, é ser solidário e ganhar dinheiro cooperativo.

8. Trate bem seus melhores clientes. A internet facilita extraordinariamente a manutenção desse contato. A experiência adquirida na prática recomenda que você se concentre em manter felizes seus melhores clientes, porque eles não só comprarão mais, como também recomendarão você aos amigos. Este é o melhor tipo de marketing: *o boca a boca*. Seja criativo em matéria de cuidar dos seus clientes. Uma das razões para os pequenos negócios derrotarem frequentemente os grandes é que o pequeno negócio pode ser mais criativo e agir mais rapidamente.

Capítulo 9

Resumo

Lembre-se sempre dos cinco Ps. Tenha em mente que seu produto muito especial é importante para as pessoas muitos especiais.

O preço do seu produto tem que atender às necessidades, desejos e egos dos seus clientes. Em se tratando do ego, todo mundo gosta de encontrar uma pechincha. Além disso, muita gente gosta de parecer que gastou muito em um produto que poucos podem comprar. Sendo assim, o ego pode atuar tanto na faixa de alto preço quanto na faixa de baixo preço.

O ponto em que coloca seu produto é igualmente importante. Uma Ferrari sempre parecerá deslocada em um desmanche cheio de carros baratos. Se você colocar seu produto no ponto errado, suas vendas certamente serão prejudicadas. Quando da primeira edição de *Rich Dad Poor Dad*, colocamos o livro à venda nos lava a jato dos postos de gasolina de um amigo. Por que escolhemos esses postos? Porque eram pontos onde as pessoas abastadas levavam seus carros para lavar e reabastecer. Se tivéssemos colocado o livro à venda em postos que vendem gasolina duvidosa, acho que eles ainda estariam lá, cobertos de poeira.

A única posição que você quer ocupar é a primeira. Lembre-se sempre de que a maioria dos americanos sabe que Lindbergh foi o primeiro piloto a cruzar o Atlântico em um voo sem escalas. Pouquíssimas pessoas lembram quem foi o segundo. Se você não for o primeiro da categoria, então invente uma categoria nova onde possa ser o primeiro. Quando nosso jogo ainda era desconhecido, fomos os primeiros em uma nova categoria de jogos de tabuleiro de preço elevado. Quando a Avis se deu conta de que perdia para a Hertz, acabou conquistando o primeiro lugar ao afirmar que tinha orgulho de ocupar o segundo lugar, através do slogan: "Nós Nos Esforçamos Mais."

Em suma, você quer estar na primeira posição na mente de seus clientes. Por exemplo, você se lembra da Coca-Cola ou da Pepsi quando pensa em refrigerantes? Seu cliente tão especial associa você à primeira posição quando pensa na categoria em que seu produto se enquadra? Em última instância, a tarefa mais importante do empreendedor é ser o primeiro na mente dos próprios clientes.

LIÇÃO DO MUNDO REAL #10
A Hora de Pedir Demissão

Capítulo 10
RESUMO

Saiba o Momento de Sair

O fato de não gostar de seu emprego não é uma razão substancial para se tornar empreendedor. Pode até parecer um bom motivo, mas não é uma razão suficientemente sólida, já que indiscutivelmente falta uma missão que seja forte o bastante. Embora quase todo mundo possa se transformar em empresário, o empreendedorismo não é para qualquer um.

Há um velho ditado que diz: "Os vencedores nunca desistem e os perdedores nunca vencem." Pessoalmente não concordo com o ditado. É simplista demais. A meu ver, os vencedores também sabem quando desistir. Há situações na vida em que é melhor reduzir as perdas. É melhor admitir que se chegou a um beco sem saída.

Na minha opinião, aquele que desiste é alguém que simplesmente vai embora porque a coisa ficou difícil. Já desisti muitas vezes na vida. Desisti de programas de emagrecimento, programas de exercícios, namoradas, negócios, livros, estudos e assim por diante. Todo dia 31 de dezembro eu faço minhas promessas de Ano-Novo e, no ano seguinte, desisto. Então eu sei muito bem o que é desistir e que de vez em quando o faço.

Uma das razões para não ter desistido de me tornar empreendedor foi que eu realmente queria ser um. Queria muito. Queria desfrutar da liberdade, da independência financeira, da riqueza e da possibilidade de contribuir em algo para o mundo, possibilidade que um empreendedor tem. Por mais que eu quisesse ser um empresário de sucesso, o poderoso conceito da desistência esteve sempre diante de mim, mantendo a porta aberta. Teria sido fácil desistir quando fiquei sem dinheiro ou quando tive muito dinheiro. Teria sido fácil desistir cada vez que um credor exigiu o que eu lhe devia. Teria sido fácil desistir quando a Receita Federal me informou que eu estava lhe

Capítulo 10

devendo mais ainda em impostos atrasados. Teria sido fácil desistir quando um projeto fracassou ou não consegui convencer um sócio em potencial. A desistência estava sempre à espreita, à distância apenas de um braço, quando as coisas ficaram difíceis.

Para mim, virar empreendedor é um processo em que ainda estou. Acredito que serei um empreendedor em treinamento até o fim. Adoro negócios e gosto de resolver problemas comerciais. Houve momentos em que tive que reduzir as perdas, fechar uma empresa e mudar de direção, mas nunca abandonei o processo de me transformar em empreendedor — pelo menos ainda. É um processo que eu adoro. Que me proporciona o tipo de vida que quero. Embora tenha sido rígido comigo, tem valido a pena.

Isso não significa que ele também será cruel com você. Um dos motivos que me levou a escrever este livro foi a vontade de facilitar o processo para quem está em vias de iniciá-lo ou já tenha feito.

Antes de encerrar este livro, acho que devo passar para você algo que sempre me motivou, a luz no fim do túnel, mesmo nos momentos mais difíceis. Eu tinha um pedacinho de papel colado na base do telefone no meu escritório da empresa de carteiras. O papelzinho viera de um biscoito da sorte chinês e dizia: "Você sempre poderá desistir. Por que agora?" Recebi muitos telefonemas que me deram razões mais do que suficientes para desistir, mas depois de desligar, eu olhava para aquelas palavras de sabedoria e dizia para mim mesmo: "Por mais que eu queira, não vou desistir hoje. Amanhã eu desisto." Pelo menos este amanhã nunca chegou.

Antes de Se Demitir, Ofereço Estas Dicas

- **Repense suas atitudes**

  Atitude é quase tudo. Não recomendamos que você se torne empreendedor apenas para ganhar dinheiro. Existem maneiras bem mais fáceis de fazê-lo. Se não gostar de negociar e dos desafios que um negócio apresenta, pode ser que o empreendedorismo não seja o melhor para você.

- **Acumule o máximo de experiência possível nos cinco níveis do Triângulo D–I**

  Em nossos livros anteriores, aconselhamos as pessoas a trabalhar para aprender e não para ganhar dinheiro. Em vez de aceitar empregos em função do salário, aceite-os em função da experiência que você acumulará. Se quiser, por exemplo, acumular experiência sobre o funcionamento dos sistemas de

Empreendedor Rico

uma empresa, arranje um emprego de meio período em uma lanchonete McDonald's. Você se surpreenderá ao ver o que acontece quando um cliente diz: "Quero um Big Mac com fritas." No exato momento em que isso acontece, entra em ação um dos sistemas mais bem projetados do mundo, utilizado por pessoas com instrução básica.

- **Lembre-se sempre de que Vendas = Renda**
  Todo empreendedor tem que ser um bom vendedor. Se não for esse seu caso, acumule o máximo de experiência possível antes de pedir demissão. Certa vez ouvi Donald Trump dizer: "Algumas pessoas já nascem vendedoras. O resto de nós pode aprender a vender." Eu mesmo não sou um vendedor nato. Tive que treinar muito para virar vendedor. Se estiver interessado em treinamento excelente em vendas, você deverá ingressar em uma empresa de marketing de rede ou de vendas diretas.

- **Seja otimista, tanto quanto rigorosamente honesto consigo mesmo**
  No livro *Empresas Feitas para Vencer*, Jim Collins inseriu um excelente trecho sobre essa necessidade de ser honesto ao escrever sobre as entrevistas que fez com o almirante Stockwell, um dos prisioneiros de guerra que mais demorou a ser libertado após a guerra do Vietnã. Quando Jim perguntou quem eram os prisioneiros que morriam antes de serem libertados, o almirante respondeu sem hesitar: "Otimistas." Os prisioneiros que sobreviveram foram aqueles que conseguiram aceitar os fatos brutais sobre a situação em que se encontravam. Por outro lado, é necessário saber a diferença entre ser rigorosamente honesto e ser pessimista. Conheço gente que fica explicando por que uma coisa não vai funcionar, mesmo que esteja funcionando. Conheço gente que memoriza todas as notícias ruins que chegam a seu conhecimento. Ser negativo ou pessimista não é a mesma coisa que ser rigorosamente honesto consigo mesmo.

- **Como você gasta dinheiro?**
  Muitas pessoas têm problemas financeiros porque não sabem como gastar dinheiro. Muita gente gasta o que tem e o dinheiro nunca volta. O empreendedor tem que saber como gastar dinheiro e receber mais dinheiro ainda de volta. Não se trata de ser mesquinho ou pão-duro. Trata-se de saber quando gastar, em que gastar e quanto gastar. Já vi muitos empreendedores falirem tentando economizar dinheiro. Quando, por exemplo, os

Capítulo 10

negócios diminuem o empreendedor corta as despesas na esperança de economizar, em vez de aplicar mais em promoção. Quando os negócios continuam caindo, o negócio continua esmorecendo. Essa economia falaciosa é um bom exemplo de decisão errada no momento errado.

- **Monte um negócio para praticar**

  Ninguém aprende a andar de bicicleta se não tiver uma e ninguém aprende a organizar, ampliar e dirigir um negócio, se não tiver um. Depois de se familiarizar com os diferentes níveis do Triângulo D–I, pare de planejar e comece a agir. Como sempre digo: "Mantenha seu emprego e comece um negócio em tempo parcial."

- **Peça ajuda**

  O pai rico sempre dizia: "Arrogância acarreta ignorância." Se não souber algo, peça ajuda a quem sabe, mas não se transforme em um estorvo pedindo ajuda demais. Existe uma fronteira tênue entre ajuda e arrimo.

- **Encontre um mentor**

  Meu mentor foi o pai rico, mas também tive outros. Leia livros sobre grandes empreendedores como Edison, Ford e Bill Gates. Os livros podem ser seus grandes mentores. Um de meus empreendedores prediletos foi Steven Jobs, fundador da Apple e da Pixar. Gosto não só do estilo de Steven como também da cultura de suas empresas. Uma das coisas mais importantes que um empreendedor pode desenvolver é uma cultura sólida para seu negócio. Como já disse, trabalhamos muito na *Rich Dad Company*, empenhando-nos em promover e proteger uma cultura de aprendizado e liberdade de expressão.

- **Forme uma rede de empresários**

  Pássaros da mesma plumagem voam em bando. Todas as cidades onde morei tinham grupos ou associações de empresários. Compareça às reuniões e identifique aquela que atenda às necessidades que tiver. Cerque-se de empreendedores como você. Eles se reúnem tanto para apoiar quanto para serem apoiados. Entre em contato com o Sebrae ou a câmara de comércio local para obter a programação das reuniões e seminários. Essas entidades são excelentes fontes de informações e recursos para os empresários. Um dos grupos que me impressionou foi o *Young Entrepreneurs Organization* (YEO

— "Organização de Jovens Empreendedores", em tradução livre). Embora seja velho demais para fazer parte desse grupo de jovens empreendedores, eles me pediram que apresentasse palestras em algumas sedes regionais. Fiquei muito impressionado com as qualidades desses jovens empreendedores que fazem parte da entidade.

- **Seja fiel ao processo**
  Um dos motivos por que muitas pessoas não pedem demissão do emprego e viram empresárias é que o empreendedorismo pode ser extremamente desafiador, principalmente quando se está começando. Minha sugestão é que siga os preceitos básicos do Triângulo D–I e dê o melhor de si para dominar os oito elementos que o formam. Isso leva tempo, mas, se for bem-sucedido, as recompensas poderão ser imensas. Como dizia o pai rico: "O empreendedorismo é um processo e não um emprego ou uma profissão." Seja, portanto, fiel ao processo e lembre-se de que ele sempre lhe dará vislumbres do futuro que o aguarda, mesmo nas épocas difíceis.

Nestes últimos anos, ouvi muita gente utilizar a sigla OGAA, de Objetivo Grande e Apavorantemente Audacioso. Embora seja recomendável estabelecer um objetivo desse tipo, acredito que o processo e as dimensões da missão sejam mais importantes.

O pai rico desenhou para mim e seu filho um diagrama mais ou menos assim:

MISSÃO ⟶ PROCESSO ⟶ META

Em seguida, disse: "Se estabelecerem grandes metas, irão precisar de uma sólida missão que os ajude a atravessar o processo. Com uma missão sólida, qualquer coisa será viável."

Obrigado pela leitura deste livro. Desejo a você todo o sucesso do mundo caso decida se tornar ou já seja um empreendedor rico.

— Robert Kiyosaki

Sobre o Autor
Robert Kiyosaki

Mais conhecido como o autor de *Pai Rico, Pai Pobre* — apontado como o livro nº 1 de finanças pessoais de todos os tempos — Robert Kiyosaki revolucionou e mudou a maneira de pensar em dinheiro de dezenas de milhões de pessoas ao redor do mundo. Ele é um empreendedor, educador e investidor que acredita que o mundo precisa de mais empreendedores para criar empregos.

Com pontos de vista sobre dinheiro e investimento que normalmente contradizem a sabedoria convencional, Robert conquistou fama internacional por sua narrativa direta, irreverência e coragem e se tornou um defensor sincero e apaixonado da educação financeira.

Robert e Kim Kiyosaki são os fundadores da *Rich Dad*, uma empresa de educação financeira, e os criadores dos jogos *CASHFLOW*®. Em 2014, a empresa aproveitou o sucesso global dos jogos *Rich Dad* para lançar uma nova versão revolucionária de jogos online[1] e para celulares.

Robert tem sido considerado um visionário que tem o talento de simplificar conceitos complexos — ideias relacionadas a dinheiro, investimentos, finanças e economia — e tem compartilhado sua jornada pessoal rumo à independência financeira de uma forma que encanta o público de todas as idades e histórias de vida. Seus princípios fundamentais e mensagens — como "sua casa não é um ativo" e "invista para um fluxo de caixa" e "poupadores são perdedores" — despertaram uma enxurrada de críticas e zombaria… para depois invadir o cenário do mundo da economia ao longo da última década de forma perturbadora e profética.

Seu ponto de vista é de que o "velho" conselho — arrume um bom trabalho, poupe dinheiro, saia das dívidas, invista para o longo prazo em uma carteira diversificada — se tornou obsoleto na acelerada Era da Informação. As mensagens e filosofias do pai rico desafiam o *status quo*. Seus ensinamentos estimulam as pessoas a se tornarem financeiramente proficientes e a assumirem um papel ativo para investir em seu futuro.

Autor de diversos livros, incluindo o sucesso internacional *Pai Rico, Pai Pobre*, Robert participa frequentemente de programas midiáticos ao redor do mundo — desde *CNN, BBC, Fox News, Al Jazeera, GBTV e PBS, a Larry King Live, Oprah, Peoples Daily, Sydney Morning Herald, The Doctors, Straits Times, Bloomberg, NPR, USA TODAY*, e centenas de outros — e seus livros frequentam o topo da lista dos mais vendidos há mais de uma década. Ele continua a ensinar e inspirar o público do mundo inteiro.

Para saber mais, visite www.seriepairico.com ou o site original, em inglês, acessando www.richdad.com

---

[1] http://www.richdad.com/apps-games/cashf low-classic (conteúdo em inglês).

Este livro foi impresso nas oficinas gráficas da Editora Vozes Ltda.,
Rua Frei Luís, 100 – Petrópolis, RJ.